お金の不安が
なくなる

これだけ
やれば
大丈夫！

資産形成
1年生

小林亮平 Ryohei Kobayashi

KADOKAWA

元銀行員の僕が、
『資産形成1年生』に込めた思い

　2015年の12月、僕は3年9カ月勤めた三菱東京UFJ銀行（当時）を退行しました。

　面接官だった行員の方々の人柄の良さを感じて入行を決めましたが、銀行で働いたことはまったく後悔していません。主な業務だった法人営業を通じて多くの社長に直接会えて話したり、金融知識の基礎となる預金や融資などの銀行業務を学べたり、尊敬する上司や大好きな先輩、同期や後輩と出会えたり……本当に良い経験をさせてもらいました。

　ただ、銀行での仕事に少しずつ悩みを抱え始め、このままでいいのか、自分がやりたいことは何なのかを考えるようになりました。そして銀行員4年目の終わりに、これからは自分の好きなことで、人の役に立つことを仕事にしていきたいと思い、不安で足が震えながらも退職の意思を会社に伝えました。

　自由に生きていきたいという思いから独立の道を選びましたが、さっそく直面したのはお金の問題です。銀行員時代からいろんな人のブログを読むのが好きだった自分は、以前から興味があったブロガーとしての活動を始めましたが、収入が不安定なため、お金の悩みが付きまとうようになりました。

　退職を考え出した時から多少貯金はしていましたが、目減りしていく預金残高を見てはため息をつき、コンビニで100円を使うのも躊躇したことがあります。銀行員の時は給料が入った分だけ使うような生活をした時期もあったので、もっと計画的に貯金をしておけば……と思わずにはいられませんでした。

　投資についても、僕には苦い思い出があります。

　新卒1年目の頃に、初任給で資産運用を始めてみようと思い、当時人気だった投資指南書を参考にして投資信託を買いました。

　ただ、その時はすぐマイナスになり、たった数百円の損失でも怖くなって、よく

分からないまま売ってしまい、僕の投資デビューはほろ苦い経験に終わりました。

　初心者によくある失敗ですね。もっと早く投資についてちゃんと知っておけば……と、今でも後悔しています。

　そんなお金に対して悩み、考えることが多かった経験から、「貯金や投資などの資産形成について、もっと早く、そして親切に教えてくれる人が身近にいたら良かったのに」と思うようになりました。

　人生にどうしてもお金の悩みは付きまとうし、何をするにしてもお金が必要になってきます。ただお金についてちゃんと教わる場がないなら自力で学ぶしかないと思った僕は、ファイナンシャルプランナーの資格を取りました。

　そして自分が学んだお金の知識を分かりやすく伝えたいという思いで、初心者向けの貯蓄方法や資産運用、楽天経済圏やふるさと納税などを YouTube や SNS で発信するようになりました。

　今では、YouTube のチャンネル登録者数は 27 万人、その他 SNS も総計 11 万人を超えて、「参考になりました！」「ようやく私も投資を始められました！」と多くの方からメッセージをいただくようになりました。

　自分がやりがいを感じながら、人に感謝される仕事をしていきたいとずっと思っていましたが、それが叶って今は幸せです。

　そんな時に執筆の機会をいただいたこの『資産形成1年生』は、かつての自分のようにお金に悩んでいる人へ、とにかくやさしく、そして分かりやすく伝えることを心がけました。「資産形成が大事とは分かっているけど、何をしたら良いか分からない……」という方にも、イラストを交えて丁寧にお話しするので安心して下さい。これまで貯金や投資が上手くいかなかったあなたも、この本を読めば今すぐ始めたくなるはずです。

　人生で本当にやりたいことって、きっと誰にでもあると思います。

　でも好きなように生きていくためには、お金について困ることがないよう、その仕組みを最低限知っておく必要があります。

　この本であなたのお金の悩みが少しでもなくなり、人生を豊かにするための支えとなれば幸いです。

目次

第1部　貯金で資産形成の第一歩を踏み出そう

第1章　お金が貯まる仕組みを作ろう

第2章　固定費削減にも取り組んでみよう

第2部　投資で資産形成を加速させよう

第3章　投資ってなに？

第4章　つみたてNISAで投資を始めよう

第3部　一歩上の資産形成を目指していこう

第5章　楽天経済圏で楽天ポイントを貯めまくろう

あー昨日も
飲みすぎたなぁ

思わず4次会まで
行っちゃったけど…

おさかな銀行勤務
ペンタごん

ふぁ〜

まぁ
いいか!!

いくら払ったんだっ…

カラッ…

今日は休みだし
得意のネットサーフィンからの
二度寝で優雅に過ごそう

ん?

おさかな銀行
業績急激悪化!?

なんだ
このニュース?

くそー
こうなったら転職か？

このままだと
大好きな飲み会にも
行けなくなるかも…

待て待て
おちつけ!!

せっせと働いてきたし
それなりに
貯金もあるはず

もしかしたら
100万円くらい
貯まってるかも

※まだ
仕事中

…

…え？

預金残高
たった10万円!?

預金残高
100,881円

飲み会どころか
家賃の支払いも
危ういじゃないか!!

…100円の
スルメしか
買えなかった

こんなひもじい
生活が続くと思うと

涙が
出てくるよ…

しくしく

しくしく

お酒と YouTube に
励ましてもらおう…

ん？何だろう
このチャンネル

BANK
ACADEMY

BANK ACADEMY バ…

「BANK ACADEMY」

元銀行員の人が
お金について
発信しているのか

へぇ〜

面白そうだけど
難しいことばっかり
話すんだろうな〜

PENKIN TV
見よ…

そんなこと
ないよ!!

うわぁー!!

いきなり画面から
出てきた!?

そんな多くの人が抱える
お金の悩みを
少しでも減らせればと思って

この本に
分かりやすく
まとめてみたんだ

ーうーん

でも
資産形成って…

節約の鬼!!

うおおおおお

毎日の
家計簿!!

パソコンに
張り付いて
投資!!

おおおぉ

とかだよね?

ハードルが高くて
大変そうだし
どうせ僕には無理だよ…

資産形成チェックリスト

チェックリストの各項目については、各章で順番に説明するから安心してね！

第1章 貯金の自動化

給与口座を自分で指定できる人

- ☐ 楽天銀行を口座開設する。給与口座に指定し、メイン口座として利用する
  ※楽天銀行は、楽天証券の口座開設手続きにて、同時に申込可能。楽天証券の口座開設手順は、第4章のコラムで紹介

- ☐ あおぞら銀行 BANK を貯蓄用口座として開設する

- ☐ 楽天銀行の毎月おまかせ振込予約を使い、楽天銀行からあおぞら銀行 BANK に月収の 10%程度を入金し、先取り貯蓄を自動化する

- ☐ 先取り貯蓄後に残ったお金で、やりくりにチャレンジする

給与口座を自分で指定できない人

- ☐ 会社指定の銀行をメイン口座にして、住信 SBI ネット銀行を貯蓄用口座として開設する

- ☐ 住信 SBI ネット銀行の定額自動入金サービスを使い、会社指定の銀行から住信 SBI ネット銀行に月収の 10%程度を入金し、先取り貯蓄を自動化する

- ☐ 先取り貯蓄後に残ったお金で、やりくりにチャレンジする

第2章 固定費削減

- ☐ 固定費の見直しリストを活用し、削減できるものを洗い出す

- ☐ 格安 SIM もしくは 3 大キャリアの新料金プランへ乗り換え、スマホ代を削減する

- ☐ 固定費削減ができたら、1 カ月の支出を把握する

- ☐ 生活防衛資金として、最低限の生活費の 6 カ月～ 2 年分を目安に貯金する

第 **3** 章 投資の勉強

- ☐ 投資と投機の違いを知る
- ☐ 投資信託の基礎知識を学ぶ
- ☐ 投資のリスクについて正しく理解する

第 **4** 章 つみたて NISA

- ☐ 楽天証券でつみたて NISA 口座を開設する
  ※第1章ですでに開設している場合は不要

- ☐ 楽天カードを申し込む
  ※給与口座を指定できる人は、楽天銀行を引き落とし先へ指定。給与口座を指定できない人は、
  　会社指定の銀行を引き落とし先へ指定

- ☐ 楽天証券のつみたて NISA 口座で、楽天カードクレジット決済による積
  立投資を開始する

第 **5** 章 楽天経済圏

- ☐ 楽天カードをメインカードにして、日々の支払いに活用する
- ☐ 楽天ポイントカードや楽天 Edy、楽天ペイを利用する
- ☐ 楽天銀行で、ハッピープログラムのエントリーとマネーブリッジを設定
  する
- ☐ 楽天市場における SPU の倍率をできる限りアップする
- ☐ 楽天市場と楽天ふるさと納税をまとめて利用する
- ☐ 貯まった楽天ポイントを効率的に消費する

第 **6** 章 ふるさと納税

- ☐ ふるさと納税の控除上限額を確認する
- ☐ 寄付する自治体と返礼品を選択し、寄付金を支払う
- ☐ 自治体から書類と返礼品を受け取り、税金控除の手続きを行う
- ☐ 寄付を行った翌年に、税金控除の確認を行う

第 1 章

お金が貯まる
仕組みを作ろう

1 ▶ なぜあなたの貯金は 上手くいかない？

資産形成ってまずは何すればいいの？　とりあえず投資はやってみたい！　目指せ一攫千金……グフフ。

まあそんな焦らないでね、**投資の前に必ずやることがあるんだ。** それは……。

それは……？

貯金だよ。

貯金って、お金を貯めようってこと！？　資産形成と貯金って何の関係があるのさ？

うん、ペンタごんも給料が下がった時、貯金がないばかりにとてつもなく不安になったでしょ。

う……たしかに。大げさじゃなくて100円使うのも怖くなったよ……。
家賃や電気・水道・ガスとかの支払いが来るとため息が出るし、払えなくなった時はどうなってしまうんだろうって考えずにはいられないんだ。
日々何をするにもお金がかかるから億劫になってしまって……**お金がないと心まで貧しくなってしまうんだね。**

そうだね、万が一の時に自分の生活を守るためにも、お金は最優先で考える必要があるからね。
だからこそ、資産形成の最初の一歩に貯金をして、自分を守ってくれるお金を用意しよう。

貯金ねえ……大事とは分かっているんだけど、いつも上手くできないんだよなあ。
だって月末に余ったお金を貯金に回そうと思うんだけど、いつもお金が残ってないから、貯めようがないんだもん。
飲み会は誘われたら断れないから週3～4日くらいで行ってるし、家の近くのコンビニにはついつい寄っちゃうでしょ。
サボり気味のフィットネスジムやオンライン英会話の月謝も払わないとだし、最近はゲームアプリや動画、音楽配信サービスにもついつい課金しちゃってるからなあ。

（ペンタごん、浪費癖もすごいな……）

で、月末にはいつもお金がないから貯金ができないという、その繰り返しさ！

なるほど……それは典型的な、**お金が貯まらない人の失敗あるある**だね。

貯金できないペンタごんの日常！

週3〜4日は飲み歩く

コンビニについ寄ってしまう

サボり気味のジムや習いごとの
月謝を払い続ける

アプリはとにかく課金する

✏️ **Point**

● 資産形成の最初の一歩として、貯金を始める。

● 貯金がないまま散財を続けると、収入が途絶えた時に家賃な
どの生活費が払えなくなり、生活が破綻する恐れがある。

ペンタごん

おさかな銀行に勤務の社会人2年目。営業職で担当先への融資提案が主な仕事。お客さんと話すのは楽しいけど、仕事自体があまり好きではないので、早くもサボり癖を覚え始めている。

好きなものはビールとスルメ、嫌いなものは残業。
趣味は仕事終わりの同僚との飲み、ネットサーフィン。

亮平さん

1989年生まれ、元メガバンク銀行員のYouTuber。
銀行へは面接官がやさしかったという理由で入行したが、自分の好きなことで人の役に立ち、自由に生きていきたいと思い独立。

好きなものはビールとラーメン。
趣味はラグビー観戦。

2 月収の10%を 先取り貯蓄しよう

たしかに今のままだとお金は貯まらないよな〜。
もっと計画的に貯金しないといけないんだろうけど、
それって目標額を決めて毎日キッチリやっていこうと
か、出費を毎回記録しておこうとかでしょ……面倒に
なって布団にこもりたくなっちゃうよ。

そんなペンタごんにおすすめなのが、先取り貯蓄だよ。

サキドリ……チョチク？

そう、**先取り貯蓄とは、やり方はとってもシンプルで、
月の初めに給与口座から他の貯蓄用の口座へ貯金をし
ておいて、残りの給与で生活することなんだ。**
とりあえずは、手取り月収の10%を最低ラインにチャ
レンジしてみて欲しいかな。
余裕がある人は月収の20%くらいを貯金できるといい
けど、**毎月の給料の10%を貯金すれば、10カ月、
つまり1年程度で月収分になるので、お金が貯まって
いくのをちゃんと実感できるよ。**

なるほど〜！　僕の場合は手取り収入が20万ちょい
くらいだから、とりあえず2万円を先取り貯蓄して、
残りで何とか1カ月過ごしてみればいいんだよね。

これならズボラの面倒くさがりで浪費癖もあるペンタ
ごんでも、上手くできそうな気がしてくるでしょ？

亮平さん、すっかり遠慮なくグサグサ言ってくるな……。
でも上手くできるか分からないから、支払いが厳しくなったら、クレジットカードを使ってもいい？

それはダメ。支出を明確にするためにも、この段階ではクレジットカードは使わないようにしよう。
クレジットカードは支払いが楽だし、ポイント還元のメリットもあるけど、つい使いすぎてしまうからね。
○○ペイなどのキャッシュレス決済も、クレジットカードとの紐づけはしないようにしよう。
貯金のトレーニングとして、まずは現金だけでやりくりしてみるんだ。

で、でもそれだと欲しいものがあった時に、買えなくなるかもしれないじゃないか！
さっきコンビニで新商品のとろ〜り高級スルメがあったから、さっそく買おうと思ってたのに！

（ペンタごん、新商品とか期間限定って言葉に弱いんだろうな……）
まさにそれが狙いだよ。**強制的に使えるお金が制限されるから、衝動買いが減って、本当にお金を払う価値があるかを自然と考えるようになるんだ。**
ちょっと荒療治だけど、ペンタごんみたいにすぐお金を使い込んじゃう人は、これくらいしないと貯金できないからね。

な、なるほど……頑張ります……。
まあどうしてもやりくりできなくなったら、ボーナスを使っちゃえばいいもんね！

おっと、やりくりが厳しいからと言って、**ボーナスに手を出すのも厳禁**だよ。
赤字になっている生活費をボーナスで補填することを習慣化してしまうと、勤め先の業績悪化などでボーナスが減った時に、生活が一気に苦しくなるからね。

そうだった……僕もシロクマ課長にボーナスカットって言われたから、当てにできないんだった……。

日々のやりくりさえちゃんとできていれば、臨時の収入であるボーナスは好きに使うことができるから、普段はできないような、自分が満足する使い方を考えてみるといいよ。
たとえばこのあたりがおすすめかな。

❶**貯蓄や投資に回して資産形成を加速させる**
❷**時短に繋がる家電などを買うことで生活の質を向上**させる
❸**自分へのご褒美や家族へのプレゼントなど**に使う

ただ、貯金がほぼない今のペンタごんだと、使わずに貯めておくのが無難だろうね。

は〜い……まずは何より、自分を守ってくれる貯金の用意からってことか。

先取り貯蓄とやりくりにチャレンジ！

今月も
先取り貯蓄完了!!

10%の**2**万円を
まず貯金する

毎月の給料
手取り**20**万円

これ本当に食べたいか…?
無駄づかいは減らさなきゃ

90%の**18**万円で
やりくりする

給料が入ったら、まず10%を先取り貯蓄して、
残りの90%で日々のやりくりを考えよう

✨ **Point**

● 手取り月収の10%を最低ラインとして先取り貯蓄し、残りの90%で1カ月の生活をやりくりする。

● 衝動買いから脱して、自分にとって本当に必要なものかを考える。

● 生活費が赤字だからといって、ボーナスを補填に使ってはいけない。

3 便利でお得な ネット銀行を使おう

先取り貯蓄の良さは分かったけど、給与口座から貯蓄用口座に毎月お金を移すのは面倒だな……なんかいい方法ない？

先取り貯蓄を自動化する方法はいくつかあるよ。
たとえば会社に財形貯蓄制度（給料から一定額を天引きして貯める制度）があれば、給料から勝手に天引きしてくれるし、いま利用している銀行に自動積立定期預金（指定した口座から自動的に積み立てる定期預金）があれば、同じ銀行内の定期預金の口座に振替してくれるからね。

なるほど、それは便利でいいね！　貯金を自動化……なんかカッコイイ。

ただ同じ銀行に貯金を置いておくと、いくら貯まっているのかがすぐ分からないから、給与口座がある銀行とは別の銀行に分けた方が、貯金額が見えやすくなっておすすめだよ。
貯金額はすぐ見える方が、モチベーション向上にも繋がるしね。

たしかに、貯金の残高が増えるのを見ると、嬉しくてついニヤニヤしちゃうもんなあ。

貯蓄用の銀行にぜひ使ってみて欲しいのはネット銀行だね。

インターネット上で利用する銀行なんだけど、店舗がない分、**手数料が安かったり、金利が高かったり**とメリットが多いんだ。

たとえば楽天銀行は楽天証券と連携（マネーブリッジ）するだけで簡単に金利を大手銀行の**約 100 倍の年0.1%**にできるし、普段利用しているだけで楽天ポイントもどんどん貯まっていくよ。

金利 100 倍！？　それはすごいな～！

でもネット銀行って大丈夫？　店舗がないって聞くと、お金を預けてもいいのか、不安になっちゃうんだけど……。

他の銀行と同じように、**ネット銀行にもちゃんと預金保険制度（金融機関が破綻した場合に一定額の預金等を保護する保険制度）があるから安心してね。**

万が一、銀行が破綻しても、元本 1,000 万円までは保護されるよ。

しかも今は大企業のグループ会社で運営されているネット銀行も多いから、そこまで心配しなくてもいいかな。

へ～それなら安心できそうだね！

僕も、かれこれ 10 年以上ネット銀行は使っているけど、特にトラブルになったことはないよ。

ただネット銀行を主に使いながらも、災害時などの万が一を考えて、実店舗がある銀行に 1 カ月分の生活費くらいは預けておくのがいいかもしれないね。

了解です！　そしたら、おすすめのネット銀行を教えて下さい！

僕も実際に愛用している、人気のネット銀行を3つ紹介しておくね！

①金利とポイント還元がお得な楽天銀行！

楽天証券と連携（マネーブリッジ）で
普通預金金利 年0.02% → 年0.1% に UP

楽天ポイント還元
（ハッピープログラムから主要なサービスを抜粋）

	サービス	条件	ベーシック	アドバンスト	プレミアム	VIP	スーパーVIP
振込・入金	他行口座からの振込	振込のあった日ごと		1P	2P	3P	
	給与／賞与／年金の受取	1件ごと					
	楽天銀行法人口座からの振込入金						
支払い	楽天カードの口座振替	1件ごと		3P	6P	9P	
	その他の口座振替			1P	2P	3P	

マネーブリッジにより、楽天証券で保有の
投資信託残高10万円につき3〜10Pももらえるよ！

※楽天銀行のお客さま優遇プログラム（ハッピープログラム）における各ランクの判定条件等

・ベーシック：ハッピープログラムにエントリーで達成。手数料無料回数：ATM 0 回／月・他行振込 0 回／月、ハッピープログラムにおける楽天ポイントの獲得倍率：1 倍

・アドバンスト：残高 10 万円以上またはハッピープログラム対象の取引 5 件以上で達成。手数料無料回数：ATM 1 回／月・他行振込 1 回／月、楽天ポイントの獲得倍率：1 倍

・プレミアム：残高 50 万円以上またはハッピープログラム対象の取引 10 件以上で達成。手数料無料回数：ATM 2 回／月・他行振込 2 回／月、楽天ポイントの獲得倍率：2 倍

・VIP：残高 100 万円以上またはハッピープログラム対象の取引 20 件以上で達成。手数料無料回数：ATM 5 回／月・他行振込 3 回／月、楽天ポイントの獲得倍率：3 倍

・スーパー VIP：残高 300 万円以上またはハッピープログラム対象の取引 30 件以上で達成。手数料無料回数：ATM 7 回／月・他行振込 3 回／月、楽天ポイントの獲得倍率：3 倍

※マネーブリッジにより、楽天証券で保有の投資信託残高 10 万円ごとに 3 〜 10P 付与。ただし一部の銘柄は対象外で、付与ポイントは、対象月の前月末時点の代行報酬手数料率に応じて決定

✨ Point

● 楽天銀行は、楽天証券と連携（マネーブリッジ）するだけで普通預金金利は年 0.1％に上がり、大手銀行の約 100 倍もの金利となる。

● 他行口座からの振込や口座振替など、普段利用しているだけで楽天ポイントも貯まる。

● 第 5 章で紹介する楽天経済圏を最大限活用するには、楽天銀行をメイン口座にするのがいい。

②年 0.2％の好金利！ あおぞら銀行 BANK！

無条件で普通預金金利 年 0.2％と好金利

目的別貯蓄預金（The Savings）の金利も年 0.2％

| 家族への
プレゼント用に積立 | 旅行用に積立 | 子どもの
教育費用に積立 |

高い金利を活かして、
貯蓄用口座として使うのが良いかな

※ATM 利用手数料は、ゆうちょ銀行 ATM なら入出金無料、セブン銀行なら入金のみ無料で出金は最大 220 円かかる。その他金融機関では、提携金融機関の定める利用手数料がかかる

※振込手数料は、本支店宛は無料、他行宛は 157 円（他行宛振込手数料は 2021 年 10 月 1 日から 150 円に改定。ただし、あおぞら銀行全店の投資信託残高とあおぞら銀行 BANK の預金残高の合計残高が 500 万円以上など一定の条件を満たすことで月最大 3 回まで無料）

✏ Point

● あおぞら銀行 BANK は、無条件で普通預金金利が年 0.2％ と好金利を誇る。

● 目的別貯蓄預金（The Savings）にて、目的別に積立も可能で金利も年 0.2％ と高い。

● ただし振込手数料の無料回数が多くはないので、貯蓄用口座として使うのがいい。

③定額自動入金サービスや手数料の無料回数が人気！住信SBIネット銀行！

無料で使える定額自動入金サービス

手数料の無料回数の多さ

	ランク1	ランク2	ランク3	ランク4
ATM入出金手数料無料回数	月2回	月5回	月10回	月20回
他行宛振込手数料無料回数	月1回	月5回	月10回	月20回

認証機能「スマート認証NEO」に
登録すれば、無条件でランク2になるよ！

※各ランクの判定条件
・ランク1：判定対象月の月末時点でスマート認証NEOを未登録・ランク2：判定対象月の月末時点でスマート認証NEOを登録済
・ランク3：判定対象月の月末時点でスマート認証NEOを登録済＋いずれかの条件に該当（総預金残高月末300万円以上 or ロボアドバイザー資産運用残高月末100万円以上 or 住宅ローン月末残高あり or 複数商品・サービスを3つ以上利用）
・ランク4：判定対象月の月末時点でスマート認証NEOを登録済＋いずれかの条件に該当（外貨預金と仕組預金の月末合計500万円以上 or 外貨預金と仕組預金の月末合計300万円以上かつ住宅ローン月末残高あり or ランクアップ対象のカード条件に該当）
※無料回数を超えた場合のATM入出金手数料は110円／回、振込手数料は157円／回（振込手数料は2021年10月1日から88円／回に改定。住信SBIネット銀行、三井住友信託銀行宛は無料）

Point

● 他の銀行から住信SBIネット銀行への入金は、定額自動入金サービスにて無料で自動化できる。

● ATM入出金手数料・振込手数料の無料回数が最大で月20回と多いのも魅力で、認証機能「スマート認証NEO」に登録すれば、無条件でランク2となり、ATM入出金・振込手数料ともに月5回まで無料になる。

● 目的別口座を最大10個まで作れるので、家族へのプレゼント用や旅行用、子どもの教育費用に振り分けて貯められるのも人気が高い。

④ ネット銀行、どう使い分けるのがいいの？

ネット銀行ってこんなに色々あるんだね〜、もっと早く知っておけば良かった！
で、実際にどう使い分けていけばいいのかな？
こんなにたくさん口座があったら、どれを使えばいいかこんがらがっちゃうよ。

会社からの給与が振り込まれる口座を、**指定できる人とできない人の 2 パターン用意**したから、まずはこれで試してみてね。

うお〜助かります！　その通りに使わせて下さい！

給与口座が指定できる人は、楽天銀行をメイン口座に指定して、貯蓄用口座に、好金利のあおぞら銀行BANK を選ぶといいよ。
楽天銀行の毎月おまかせ振込予約というサービスを使えば、あおぞら銀行 BANK への振込が自動化できるんだ。
その上、楽天銀行を給与口座に指定すると、他行宛振込は月 3 回まで無料になるしね。

なるほど！　これならメイン口座の楽天銀行から、貯蓄用口座のあおぞら銀行 BANK への先取り貯蓄を無料で自動化できるね。
けど、給与口座を指定できない人はどうすればいいのさ？

給与口座を指定できない人は、メイン口座を会社指定の銀行にして、貯蓄用口座には、無料の定額自動入金サービスがある住信SBIネット銀行を使うといいよ！

こっちも先取り貯蓄を無料で自動化できるのか！

僕の銀行口座の使い分け例も紹介しておくから、自分にとってベストな使い分けの参考にしてみてね。
・メイン口座：楽天銀行（クレジットカードの引き落とし先にも指定）
・サブ口座：住信SBIネット銀行（メイン口座での振込手数料の無料回数を超える月などに利用）
・貯蓄用口座：あおぞら銀行BANK（毎月の先取り貯蓄に利用）
・緊急時用口座：三菱UFJ銀行（災害時など万が一の際を考えて、実店舗がある銀行へ1カ月分の生活費程度のお金を預けている）

ほえ〜、銀行口座なんて適当に使ってたから、目から鱗が落ちたよ。

こうやって自然と貯金できる仕組みさえ作ってしまえば、あとは日々の生活のやりくりを考えるだけでいいから、シンプルでいいでしょう？

本当だね、**毎月コツコツ貯金するなんて自分には無理だと思ってたけど、これならできる気がしてきたよ。**
よし、貯金の自動化もできたことだし、これで布団に入っていられる時間がさらに確保できるな！

ペンタごん、とことんグータラしたいんだな……。

給与口座から貯蓄用口座への入金はこれで自動化！

給与口座を指定できる人

楽天銀行を給与口座に指定して
メイン口座に

楽天銀行の毎月おまかせ
振込予約で先取り貯蓄！

あおぞら銀行 BANK を
貯蓄用口座に

給与口座を指定できない人

会社指定の口座を
メイン口座に

住信SBIネット銀行の定額自動入金
サービスで先取り貯蓄！

住信 SBI ネット銀行を
貯蓄用口座に

Point

● **給与口座を指定できる人はメイン口座を楽天銀行、貯蓄用口座をあおぞら銀行 BANK にする。楽天銀行からあおぞら銀行 BANK への入金は、楽天銀行の毎月おまかせ振込予約により無料で自動化しよう。**

※楽天銀行を給与口座に指定すると、他行宛振込は月 3 回まで無料になる。また楽天証券の口座開設手続きの時に、楽天銀行は同時に申込できるので、楽天証券のホームページから楽天銀行と併せて口座開設しておくのがおすすめ。楽天証券の口座開設手順は、第 4 章のコラムで紹介

● **給与口座を指定できない人はメイン口座を会社指定の銀行、貯蓄用口座を住信 SBI ネット銀行にする。会社指定の銀行から住信 SBI ネット銀行への入金は、住信 SBI ネット銀行の定額自動入金サービスにより、無料で自動化しよう。**

※定額自動振込サービスも併せて使うと、会社指定の銀行から住信 SBI ネット銀行を経由して楽天銀行などへの入金の自動化も可能

この章のチェックリスト

給与口座を自分で指定できる人

☐ 楽天銀行を口座開設する。給与口座に指定し、メイン口座として利用する

※楽天銀行は、楽天証券の口座開設手続きにて、同時に申込可能。楽天証券の口座開設手順は、第4章のコラムで紹介

☐ あおぞら銀行 BANK を貯蓄用口座として開設する

☐ 楽天銀行の毎月おまかせ振込予約を使い、楽天銀行からあおぞら銀行 BANK に月収の 10%程度を入金し、先取り貯蓄を自動化する

☐ 先取り貯蓄後に残ったお金で、やりくりにチャレンジする

給与口座を自分で指定できない人

☐ 会社指定の銀行をメイン口座にして、住信 SBI ネット銀行を貯蓄用口座として開設する

☐ 住信 SBI ネット銀行の定額自動入金サービスを使い、会社指定の銀行から住信 SBI ネット銀行に月収の 10%程度を入金し、先取り貯蓄を自動化する

☐ 先取り貯蓄後に残ったお金で、やりくりにチャレンジする

第**2**章

固定費削減にも取り組んでみよう

① ▶ 最優先で取り組むべき節約は、固定費削減

う〜ん、やっぱり**先取り貯蓄した上でのやりくりがキツイ**……支出をもっと減らさないといけないのかな？でも食費や飲み代を極端に削るのは嫌だなあ。友達の誘いも無理には断れないし……。

それなら、これを機に**固定費削減にも取り組んでみる**といいよ。

コテイヒサクゲン……？　うっ、難しそうな言葉を聞くとまた眠気が……。

思ったより難しくないから、寝ないでちゃんと聞いてね。
支出を減らすための節約は、変動費と固定費の 2 つに分けて考えることができるんだ。
変動費とは、食費や洋服代、交際費など、その月ごとに変わる費用のことで、**固定費とは家賃やスマホ代、水道光熱費など、毎月ほとんど変わらない費用**だね。

ふむふむ、たしかに家賃は毎月同じ金額を払うから、固定になっている費用っていうのはイメージできるかも。

そして今、ペンタごんがやろうとしている食費や飲み代を減らすことは、変動費の削減にあたるんだ。
たしかにそれも支出を抑える効果はあるんだけど、たとえば食材が1円でも安いスーパーを毎週探し回ることはできる？

絶対にムリです。（キッパリ）

もしくは、月に一度も飲み会がないなんて想像するだけで、ペンタごんには耐えられなくて苦痛になるでしょ？

それもつらすぎる……仕事終わりのビールこそ僕の生きがいなのに！

そうだよね。節約というと食費や交際費などの変動費を削りたくなるけど、それだとやたら手間がかかったり、日ごろの楽しみが減ってストレスも溜まりやすいから、たいてい長続きしないんだ。
そこで試して欲しいのが固定費の削減で、一度見直せばその後はずっと安くなるし、自然と長く続けられるよ。
見直すまでが少し面倒に感じるけど、長い目で見た時にトータルで減らせる金額の大きさを考えると、最優先で取り組むべき節約と言えるんだ。

でも、固定費って毎月変わらない費用でしょ？
どうやって安くしていけばいいのさ？

ペンタごん、たとえば動画配信サービスと音楽配信サービスにも課金してるって言ってたけど、最近は利用してる？

ギクリ！　そういえば、ここ数カ月は使ってないかも……でも合計で毎月 2,000 円は払っていたような……。

利用してないなら、解約しても困らないよね。その月 **2,000 円を減らせば、年間で 24,000 円の節約にな**るよ。
固定費は気付かないうちに払い続けてしまいがちだけど、本当に必要かどうかを定期的に見直していこう。

年間 24,000 円！　それだけあれば飲み会にもっと行けるな……よ〜し、固定費削減、頑張るぞ！

最優先で取り組むべき節約は、固定費の削減！

変動費＝その月ごとに変わる費用

| 食費 | 洋服代 | 交際費 | 医療費 | 交通費 | 日用雑貨費 |

変動費はすぐに削る事はできるけど、
たいてい長続きしないのが難点！

固定費＝毎月ほぼ変わらない費用

| 家賃
（住居費） | 通信費
（スマホ代含む） | 車のガソリン代や
駐車場代 | 水道光熱費 | 保険料 | 動画などの
定額配信サービス |

固定費は一度見直せばずっと安くなるし、
自然と長く続けられるから節約の効果大！

Point

● 先取り貯蓄の次のステップとして、節約にもチャレンジする。

● 日々の支出は変動費と固定費に分けられ、長続きしにくい変
動費の削減より、一度見直せばずっと安くなる固定費の削減
に優先して取り組む。

② 現状の固定費を まるごと見直してみよう

それじゃ、まずはペンタごんが**今払っている固定費を洗い出してみよう**か。

了解です！　え〜と、家賃に水道光熱費でしょ、それにスマホ代とポケット Wi-Fi と新聞代、動画と音楽配信サービス、課金制のスマホアプリ、全然通ってないフィットネスジム、サボりまくってるオンライン英会話とかかな。

だいぶゴッソリ出てきたね。そうしたら、1 つずつ見直していくことにしよう。

よし、見直しだね！　……で、どうやって見直せばいいの？

そう言うと思って、**固定費の見直しリストをまとめておいた**から、これに照らしてみるといいよ。

亮平さん、やっぱり救世主（メシア）……！
ありがとう、見直すにあたっておすすめの順番とかはある？

金額が大きい固定費から取り掛かるのが効率的だけど、真っ先にでてくる家賃などはそう簡単に見直せないからね。
優先順位は特に決めず、自分が見直しやすいところから始めていくのがいいよ。

それじゃ電気代なら、こまめにスイッチを消すようにするとかだね。

ちょっと待った！　それだと変動費の削減と同じで、日々の手間がかかってしまうから結局続かないことが多いよ。
ペンタごんは誰もが認める怠け者なんだから、そういう細かい節約はすぐに飽きるのが目に見えてるでしょ。

グハッ！　その通りすぎて何も言い返せない……。
固定費削減といってもチマチマとした節約より、一度やればずっと節約の効果が続くものからやるといいんだね。

そうだね、あとは衝動買いをやめる時のポイントと同じで、**その固定費が自分にとって本当に必要なものかを考えるのが大事**だよ。

なるほど……でもジムやオンライン英会話は大事な自己投資だから削らなくてもいいよね？　ナイスガイなペンギンを目指すためにも続けておきたいからさ。

（ペンタごん、全然通ってないのに続けたいのか……）
自己投資というと聞こえはいいけど、通わなくなって
いるなら、結局はムダな支出だからね。
ジムや習いごとに通うことも、本当に自分への投資に
なっているかを考えて、見つめ直してみよう。

うっ、たしかに……。上手くやりくりするためにも、お
金は大事に使わないとだもんな〜、肝に銘じます！

亮平さーん！

お料理教室ならいいかな？

ペンタごん
割とミーハーなところあるんだな…

う〜〜ん…

固定費の見直しリストでまとめてチェック！

🏠	家賃（住居費）	手取り月収の 25～30％が目安だが、あまりに超えていれば引っ越しも検討
📱	スマホ代	利用している携帯電話会社の最新料金プランの確認や格安 SIM への変更を検討
🚗	車の維持費	乗る頻度によっては車を手放して、カーシェアリングの利用を検討 ※大手カーシェアサービスは 15 分 200 円程度
💡	水道光熱費	利用中の電力会社、ガス会社と他社の料金プランを比較して変更を検討
❤️	保険料	国の社会保険について知り、不要だと思う民間保険には入らない ※社会保険については本章のコラムで紹介
VOD	動画などの定額配信サービス	利用頻度によっては解約も検討
English	習いごと（自己投資）	本当に役に立っているかを考えて、続けるものを厳選
📰	新聞代	朝刊だけ購読、もしくは電子版に変更。購読しなくても問題なければ解約
CREDIT CARD	クレジットカード年会費	年会費無料のクレジットカードを利用 ※第 5 章で紹介する楽天経済圏を利用する場合、楽天カードがおすすめ

Point

● 自分が払っている固定費を洗い出し、見直しリストでまとめてチェックする。

● それぞれの固定費が、自分にとって必要かを問い直し、不要なものは解約を検討する。

3 ▶ スマホ代の見直しは 固定費削減の効果大！

ペンタごん、毎月のスマホ代っていくら払っているか
分かる？

月 1 万円とかかな？　高いけど、こればかりは仕方な
いよね。

そのスマホ代、**格安 SIM** に変えればもっと安くでき
るはずだよ。

格安 SIM ね……聞いた事あるけど、通信速度が遅いっ
て話も聞くから、ちょっと不安なんだよな……。

おっと、**格安 SIM** だからといって、通信速度が遅い
とは限らないよ。格安 SIM にも大きく分けて 2 つあ
るんだ。
1 つ目は大手携帯電話会社の通信回線を借りる MVNO
（仮想移動体通信事業者）のサービスで、たとえば
mineo（マイネオ）などがあるね。
そして 2 つ目は、大手携帯電話会社が展開する、サブ
ブランドと呼ばれる低価格帯のサービスだね。au のサ
ブブランドの UQ mobile、SoftBank のサブブラン
ドの Y!mobile があるよ。

ほえ〜、初めて知ったよ。MVNO とサブブランドは何
が違うのさ？

MVNO は料金プランの安さが魅力なんだけど、大手携帯電話会社から借りる通信回線の量が限られているんだ。
そのため、ペンタごんが言った通り、時間帯によっては通信速度が不安定になる傾向があるんだよ。
一方、サブブランドは大手携帯電話会社の回線をそのまま使っているから、通信速度が比較的安定しているのが強みだね。
数年前は MVNO よりサブブランドの方が、料金プランは少し高く設定されていたけど、**今は両者の価格帯にだいぶ差がなくなってきた**かな。

ふ〜ん……で、亮平さんのスマホ代は月いくらなのさ？

月 3,000 円くらいだね。UQ mobile のくりこしプラン M を利用していて、通話かけ放題などのオプションには入っていないよ。
機種代は一括で払い済みだけど、分割払いで毎月 2,500 円が別途あったとしても、合計で月 5,500 円くらいで済んでいるね。

月 5,500 円って、僕のスマホ代の半額程度じゃないか！

ただ格安 SIM は**データ通信量が大きいプランがあまりない**から、まずは**自分がどれくらいデータ通信量を使っているかを利用明細書や携帯電話会社のマイページにログインして確認してみよう。**

どれどれ、僕のデータ通信量はというと……月 5GB（ギガバイト）程度しか使ってないみたい。

それなら格安 SIM に変えても、データ通信量は特に問題ないだろうね。

たしかに平日の日中は仕事していてスマホはあまり触らないし、家ではポケット Wi-Fi に接続しているから、スマホのデータ通信量は思ったより少ないんだな。でもやっぱり、格安 SIM ならではのデメリットもあるんでしょ？

ネットから申し込む場合は、SIM カードの挿入や APN 設定と呼ばれるインターネット回線の接続など、初期設定を自分で行う必要があるのが少し手間だね。
ただ今は、**家電量販店などに実店舗を構えている格安 SIM も多いから、気軽に話は聞きに行けるし、手続きをサポートしてもらうこともできる**よ。
あとは**キャリアメールと言われる、携帯電話会社が提供するメールアドレスが使えなくなるけど、Gmail などのフリーメールを代わりに使えば特段困らない**かな。
電話番号はそのまま引き継いで使えるよ。

う〜ん、でも携帯電話会社を変えると聞くと、どうしても面倒に感じて腰が重くなっちゃうんだよな……。

たしかに面倒かもしれないけど、**スマホ代の見直しは固定費削減のなかでも効果が大きいから、思い立ったら行動してみよう。**
もし格安 SIM の乗り換えで違約金が発生するとしても、今後ずっとスマホ代が安くなる事を考えると、違約金の元はすぐ取れるからね。
ただどうしても今の携帯電話会社から変えたくなければ、**携帯電話会社のマイページから、テザリングやサポートサービスなど不要なオプションを外してみると、スマホ代は多少安くなる**はずだよ。

思い立ったら即行動か……たしかにそうだね！
よ〜し、格安 SIM への乗り換えもやってみるぞ！

格安 SIM に乗り換えて、スマホ代を安くしよう

	大手携帯電話会社 A 社
段階制料金プラン（月 4GB 超〜 7GB の月額料金）	5,980 円
端末料金※機種代 60,000 円を 24 回払い	2,500 円
通話料※ 5 分以内通話かけ放題の料金	800 円
消費税 (10%)	928 円
合計	10,208 円

格安SIMに乗り換えたら、
月4,444円も安くなった！

	UQ mobile(au のサブブランド)
くりこしプラン M （月 15GB の月額料金）	2,480 円
端末料金※ A 社への分割支払いは継続	2,500 円
通話料※通話アプリ LaLa Call を利用	260 円
消費税 (10%)	524 円
合計	5,764 円

※データ通信量は月 5GB の利用、通話料は 1 分の通話を 10 回行った前提で計算。その他オプションやユニバーサルサービス料などは除く

※ LaLa Call はインターネット回線を使って電話する通話アプリで、基本料金 100 円、携帯電話への通話料金は 30 秒 8 円（通常の携帯電話料金は 30 秒 20 円）

Point

- 格安 SIM への乗り換えは、スマホ代を大幅に安くできるため、固定費削減の効果が大きい。

- 格安 SIM には大手携帯電話会社の通信回線を借りる MVNO と、大手携帯電話会社が展開するサブブランドがあり、通信速度が気になる人は、比較的安定しているサブブランドを利用するのがいい。

格安 SIM への乗り換えの大まかな流れを知ろう

ステップ①
今のスマホを引き続き利用する際は、
乗り換え先の格安 SIM の HP で、
利用するスマホが動作確認済かチェックする
※ UQ mobile の場合、iPhone は 5S 以降なら動作確認済

ステップ②
スマホに SIM ロックがかかっていれば、
契約中の携帯電話会社の店頭や HP から解除する
※ SIM ロックとは、契約した携帯電話会社の SIM カード（契約情報などが記録された IC カード）以外は使用不可となる制限のこと

ステップ③
電話番号を変更したくない場合は、MNP 切替手続きを行う
※ MNP とは、携帯電話番号ポータビリティのことで、乗り換え前の携帯電話会社の店頭や HP などにて MNP 予約番号を取得、乗り換え先への申込で使用可能に

ステップ④
格安 SIM へ申込して、届いた SIM カードを挿入する

ステップ⑤
APN 設定（インターネット回線の接続）を行う

ネットから1人で手続きするのが不安な人は、
格安SIMの実店舗へ行ってサポートしてもらおう

フォロワーさんに聞いてみた！

● 格安 SIM に乗り換えて良かったこと、悪かったことは？

普段、Twitter や Instagram のフォロワーさんに対して、アンケートを行ったり、たくさんの質問や感想をいただいています。

そこで今回は、格安 SIM を検討している人の参考になるように、2021 年に入って格安 SIM を使い始めた人の感想を聞いてみたので、参考にしてみて下さい！

➡️ **格安 SIM に乗り換えたフォロワーさんの声！**

❶ とにかく料金が安くなった。料金体系もシンプルで分かりやすく、不満に感じる点はいまのところない。

❷ 月 5,000 円くらい安くなって満足。悪いことは強いて言えば、キャリアメールが使えなくなったけど、特段問題はなし。

❸ 通信速度はそこまで気にならない。ただし、たまに職場や地下などで電波が悪くなることはある。

❹ 普段住んでいるところでは問題なかったが、田舎に帰省した時に通信速度が遅くなる時があった。

❺ 格安 SIM でも実店舗が近くにあるところがいい。家族割を申請するのに、ネットや電話対応での手続きだとやや面倒だった。

> 料金が安くなって良かったという人の声が多く、おおむね満足しているようだね！

4 ▶ おすすめの 格安 SIM を紹介

それじゃ、おすすめの格安 SIM を教えてもらっていいかな？

もちろん！　主な格安 SIM を、分かりやすくまとめて紹介するね。
それぞれの特徴の違いを知って、自分に合ったものを選ぶのが大事だよ。

上手く手続きできるか心配な人は、やっぱり実店舗に行ってサポートしてもらうのがいいかな？

そうだね。**初期設定などを自分で手続きするのが不安なら、住んでいる地域の家電量販店などに、実店舗がないか探すのがいいと思うよ。**

そういえば、**大手携帯電話会社の新料金プランが2021 年春頃から話題になっていたけど、あれはどう**なのさ？

料金プラン自体はシンプルでデータ容量もそれなりに大きいから、選択肢としてはアリだと思うよ。
ただ、**原則、ネットでの手続きのみだから、店頭でのサポートが不要な人は検討してみるといいかな。**
あとは格安 SIM と同様に、キャリアメールは使えないから注意が必要だよ。
いろんなサービスを比べて、自分に合うものを選ぼう！

mineo (MVNO)

	デュアルタイプ（音声通話＋データ通信）			
月額料金（税抜）	1,180円	1,380円	1,780円	1,980円
データ容量	1GB	5GB	10GB	20GB
データ容量超過時	200Kbps			
その他おもな特徴	パケット放題 Plus にて最大 1.5Mbps でデータ使い放題 （月額 350 円だが、10GB 以上のプラン加入なら無料）			
	コミュニティサイトのマイネ王にて、情報交換ができる			

MVNOならではの料金プランの安さが魅力だね！

UQ mobile (au のサブブランド)

	くりこしプラン S	くりこしプラン M	くりこしプラン L
月額料金（税抜）	1,480円	2,480円	3,480円
データ容量	3GB	15GB	25GB
データ容量超過時	300Kbps	1Mbps	
その他おもな特徴	au のサブブランドで通信は高品質		
	UQ でんき・au でんきの契約によるでんきセット割あり		
	余ったデータ容量は、翌月に繰り越し可能		

通信速度の速さに定評あり！
余ったデータ容量を翌月に繰り越せるのもいいね

※ 2021 年 9 月 2 日より、UQ モバイルは「くりこしプラン +5G」にプラン名が変更。またでんきセット割は
自宅セット割に変更となり、対象のインターネットサービスなどの加入による割引も追加

Y!mobile (SoftBank のサブブランド)

	シンプル S	シンプル M	シンプル L
月額料金（税抜）	1,980 円	2,980 円	3,780 円
データ容量	3GB	15GB	25GB
データ容量超過時	300Kbps	1Mbps	
その他おもな特徴	SoftBank のサブブランドで通信は高品質		
	家族割引サービスなど適用時は 1,080 円引き		
	余ったデータ容量は、翌月に繰り越し可能		

通信速度の速さに定評あり！
家族割引サービスなどで割引もされるよ

楽天モバイル (3 大キャリアと同様に自社回線はあるが、参考として掲載)

	Rakuten UN-LIMIT VI			
	～ 1GB	1 ～ 3GB	3 ～ 20GB	20GB ～
月額料金（税抜）	0 円	980 円	1,980 円	2,980 円
データ容量	楽天回線エリアは無制限 パートナー回線エリアは 5GB			
データ容量超過時	パートナー回線エリアは最大 1Mbps			
その他おもな特徴	Rakuten Link アプリで国内通話がかけ放題			
	利用額の 1%の楽天ポイント還元などあり			

楽天回線エリアは順次拡大予定なので、
自分の地域が対象になるかは事前に確認しよう

大手携帯電話会社 3 社の新料金プランを比較！

	ahamo （NTT ドコモ）	povo （KDDI）	LINEMO （SoftBank）
月額料金（税抜）	2,700 円	2,480 円	2,480 円
データ容量	20GB	20GB	20GB
データ容量 超過時	1Mbps	1Mbps	1Mbps
5 分以内 国内通話	無料	500 円	500 円
その他 おもな特徴	d カードで支払うと データ容量増量など 特典あり ※ 2021 年 9 月提供開始予定	通話やデータ 使い放題など オプション豊富	LINE 利用時の データ通信量ゼロ。 3GB で月 900 円の ミニプランもあり
申込方法	原則、オンライン契約のみ		
キャリアメール	使用不可		

20GBとデータ容量が大きめなのは魅力的！
ただし、オンライン契約のみで店頭申込は不可、
キャリアメールも使えない点には注意しよう

✦ Point ....

● それぞれの格安 SIM の特徴を比較し、自分に合ったサービスを選ぶ。

● 大手携帯電話会社 3 社の新料金プランは、データ容量がやや大きいため、動画の視聴が多い人などに向いている。

亮平さんの一言メモ

格安 SIM のプランは日々変わるため、新しい情報はブログ「BANK ACADEMY」の「【資産形成 1 年生】最新情報アップデートページ」にて都度更新しています。ぜひチェックしてね！

5 1カ月の支出を まとめて把握してみよう

亮平さ〜ん！ 固定費削減を色々と頑張ってみたよ！

やるじゃないかペンタごん！
生粋のズボラだから心配していたけど、ちゃんと実践していて偉いね。

ふっふっふ、僕はやる時はやるペンギンなのさ。スマホは格安SIMに変えたし、使っていない動画や音楽などの定額配信サービスは解約したよ。
フィットネスジムとオンライン英会話も退会したし、アプリの課金も減らしたから、合計で月25,000円くらいの削減になったんだ！

月25,000円というと、年間で300,000円もの節約になるね！ それだけ固定費削減ができたらじゅうぶんだよ。

ただ変動費はあまり変わっていなくて、僕の生きがいの食費や交際費はほとんど減らせていないんだけど、それでもいいんだよね？

もちろんさ。何でもかんでも節約していると、だんだんストレスも溜まってきてしまうから、これにはお金をかけるっていうメリハリが大事だよ。

よ〜し、これでやりくりが楽になって、先取り貯蓄も問題なくできるはずだ！

この機会に、1カ月の支出もまとめて把握してみたらどうかな？
自分が普段、何にどれくらいのお金を払っているかを知ると、やりくりもしやすくなるからね。

たしかに、ここまで固定費削減を頑張ったから、全部をまとめた支出は知りたいな。

固定費はもう洗い出せたから、あとは変動費をチェックすればいいだけだね。
変動費は毎日の買い物の際にレシートをもらう癖をつけておいて、月末に集計すればOKだよ。

う……そういうのは苦手なんだよな……。最近よく聞く、家計簿アプリで自動管理してもらう方法とかじゃダメなの？

たしかにクレジットカードやキャッシュレス決済などで家計簿アプリに自動で記録できるんだけど、ペンタごんは今、現金しか使わないようにしているから、ひとまずはレシートでの管理がいいだろうね。

でも1カ月はさすがに無理だよ〜！
絶対もらい忘れる事がありそうだし、いざ月末になってレシートの山を見たら、集計も面倒くさいと思っちゃうもん。

じゃあざっくりだけど、**1 週間分のレシートだけまとめて、それを 4 倍にして 1 カ月の変動費**という事にしようか。

それならできそう！　1 週間だけレシート集めてみるぞ〜！

毎回レシートもらうと
出費が多いことに気付くな…

このレシート
何だっけ？

ペンタごんの1カ月の支出ビフォーアフター

単位（円）	Before		After	
固定費				
家賃	40,000		40,000	
水道光熱費	10,000		10,000	
スマホ代	10,000	▶	6,000	格安SIMに変更して-4,000円！
Wi-Fi料金	4,000		4,000	
新聞代	4,000		4,000	
フィットネスジム	8,000	▶	0	
オンライン英会話	6,000	▶	0	まとめて解約して-21,000円！
アプリへの課金	5,000	▶	0	
動画などの定額配信サービス	2,000	▶	0	
変動費				
食費	40,000		40,000	
交通費	6,000		6,000	
交際費（飲み会含む）	50,000	▶	45,000	二次会を少し控えて-5,000円！
その他（日用品や洋服代など）	25,000		25,000	
支出合計	210,000		180,000	
月20万円の収入から支出を引いた貯金	-10,000		+20,000	

今までは毎月10,000円のマイナスだったけど、
固定費削減を頑張った甲斐があって、
毎月20,000円の貯金ができるようになった！

6 ▶ 貯まったお金は すぐ使ってもいいの？

毎月2万円のプラスになりそうだから、これで先取り貯蓄はバッチリだね。

やっぱり固定費削減の効果は大きいね！　さっ、お金が貯まったら何に使おうかな〜♪

おっと、それはちょっと待ってね。**貯まったお金はすぐ使わずに、そのまま貯めておいて欲しいんだ。**
お金が貯まるたびに使っていたら、結局、貯金額が増えないままだからね。

でも、貯金額っていくらを目指していけばいいのさ？すぐ使っちゃいけないなら、目標の金額を教えて欲しいな。

いい質問だね。貯金も順番があって、**まずは収入がなくなった時などのまさかの事態に備えて、お金を優先して貯めるのが大事だよ。**
これを生活防衛資金と呼ぶんだけど、その名の通り、自分の生活を守ってくれるお金のことだね。

なるほど、たしかに会社の給料が下がって急に不安に感じたのは、貯金がなかったからだもんなあ。

生活防衛資金の目安は職業などによって異なるけど、たとえば会社を辞めて収入がなくなっても、半年程度で再就職を見込めると想定して、**6カ月分の生活費を目標に貯められる**といいね。

僕みたいな個人事業主の人は、収入が不安定な面も考慮して、**1～2年分は用意しておきたい**かな。

誤解しやすいけど、**生活防衛資金は月収ではなく、最低限の生活費の何カ月分かで考えれば OK** だよ。

僕なら、いざという時は実家に帰ればいいから、最低限の生活費は月 10 万円もあれば何とかなるかなあ。

月 10 万円の 6 カ月分を生活防衛資金とすると、60 万円の貯金をまずは目指すのか……。（遠い目）

ちなみに、生活防衛資金が貯まったら、次は何を目標にして貯めていけばいいのさ？

生活防衛資金の次は、近い将来、何にまとまったお金を使うかを考えてみよう。

たとえば趣味や旅行、車や結婚資金、**近い将来必要となる子どもの教育費などにいくらかかるか考えて、目標額を決めていく**んだ。

まだお金を使う予定が特になさそうなら、子どもが生まれた時の養育費や教育費、自分の老後資金などを見据えて貯金していくのがいいね。

この**しばらく使わないお金は余裕資金とも言う**けど、これから話す投資に回していくのもアリだから、覚えておこう。

へ～、貯金って何となくやっていたから、こんな風に順番を考えるといいんだね！　とりあえずは生活防衛資金を貯めることを頑張ります！

使い道を考えた、正しい貯金の順番！

生活防衛資金
（職業などにもよるが、最低限の生活費の6カ月〜2年分が望ましい）

近い将来に使う予定の資金
（向こう5年後くらいまでに使う予定がある資金。趣味や旅行、車や結婚資金など。
もしくは、近い将来必要となる子どもの教育費）

余裕資金
（しばらく使う予定の無い資金。子どもが生まれた時の養育費や教育費、
もしくは老後資金など。この分は投資に回してもOK）

まずは何より、生活防衛資金を貯めていこう！
会社員は生活費の6カ月〜1年分が目安だけど、
収入が不安定な人は、1〜2年分は用意しよう

✦ **Point**

● 貯まったお金はすぐ使わずに、そのまま貯めておく。

● 貯金の使い道には、生活防衛資金、近い将来に使う予定の資
金、余裕資金の3種類があるが、まずは生活防衛資金を優先
して、最低限の生活費の6カ月〜2年分を目安に貯める。

この章のチェックリスト

- ☐ 固定費の見直しリストを活用し、削減できるものを洗い出す

- ☐ 格安 SIM もしくは３大キャリアの新料金プランへ乗り換え、スマホ代を削減する

- ☐ 固定費削減ができたら、１カ月の支出を把握する

- ☐ 生活防衛資金として、最低限の生活費の６カ月〜２年分を目安に貯金する

国の社会保険を知っておこう

「大きな病気やケガをした時、医療費が高額になったらどうしよう……」

「一家の大黒柱である自分に何かあった時、残された家族が暮らせるか心配……」

　このような不安から、民間の医療保険や生命保険に入るべきか悩む方も多いでしょう。ですが、安心して下さい。**あなたはすでに社会保険という、国が用意する手厚い保険に入っています。**

　社会保険の仕組みを理解している人は意外と少ないのですが、**まずは制度を知り、それでも足りないと感じれば、民間の保険でカバーするという順序が大切**です。ただ制度が多くどこから調べればいいのか分からないという方も多いはず。今回は、社会保険で最低限知っておくべき知識を紹介します。

　本コラムを読んだ上で、本当に民間の医療保険や生命保険に入る必要があるか考えてみて下さい。

❶ 大きな病気やケガをした時は、高額療養費制度を利用しよう

　社会保険は病気やケガ、失業や介護など様々なリスクに備えるための公的な制度です。大きくは5つに分かれ、医療保険、年金保険、介護保険、労災保険、雇用保険があります。

　たとえば**公的な医療保険は、日常生活での病気やケガなどの際、治療費や生活費に対して給付をする制度**です。会社員が加入する健康保険、公務員が加入する共済組合、自営業者などが加入する国民健康保険に分かれます。

　医療保険といえば、保険証を出せば窓口における医療費が3割の自己負担で済むのが馴染み深いと思いますが、他にも高額療養費制度や出産育児一時金、会社員や公務員の方には傷病手当金、出産手当金などがあります。

社会保険における医療保険を知ろう！

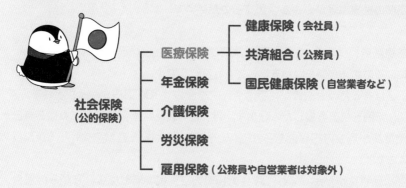

社会保険
（公的保険）

- 医療保険 ─── 健康保険（会社員）
  - ─── 共済組合（公務員）
  - ─── 国民健康保険（自営業者など）
- 年金保険
- 介護保険
- 労災保険
- 雇用保険（公務員や自営業者は対象外）

公的医療保険の主な内容

窓口の一部 負担金の割合	病院などに行った際、窓口で支払う 医療費の自己負担が3割になる （負担割合は被保険者の年齢と所得で異なる）
高額療養費制度	同じ月に医療機関で診療を受け、 自己負担額が一定の限度額を 超えた場合に払い戻しされる
出産育児一時金	出産した際に、 一児につき42万円が支給される
傷病手当金 （国民健康保険は対象外）	病気やケガで働けなくなり 給料が減る場合の所得保障として、休業4日目以降、 最長1年6カ月間にて日給の3分の2が支給される
出産手当金 （国民健康保険は対象外）	出産で休職して給料が減る場合、 出産予定日以前42日から出産後56日まで、 日給の3分の2が支給される

※傷病手当金、出産手当金の1日あたりの金額は、支給開始日以前の12カ月間の標準報酬月額の平均額÷30日×2/3

では、大きな病気やケガをして、医療費が高額になった時にはどうすればいいのか？　不安な方も多いでしょう。その場合には、**高額療養費制度を理解し、本当に民間の医療保険が必要か検討するのがいい**でしょう。

　高額療養費制度とは、医療機関や薬局の窓口で支払う自己負担限度額を超えた場合に、その超えた額を国が支給してくれる制度です。

　たとえばある月の医療費が、手術や入院を含めて 100 万円かかったとして、3 割の 30 万円を自己負担したとします。けれども、高額療養費制度における自己負担限度額が月 9 万円程度なら、30 万円から差し引いた差額の 21 万円が戻ってくるのです。

　高額な医療費がかかっても、**月 9 万円の自己負担で済むなら、万が一の場合にも、ある程度の貯金さえあれば対応**できます。この制度を知るだけで、ばくぜんとした病気やケガの不安から解放された方もいると思います。

　ただし注意点としては、**高額療養費制度はあくまで、保険診療における自己負担分が対象のため、入院時の食事代や個室を希望する際の差額ベッド代、先進医療に関わる費用などは含まれません。**

　基本的に医療費は貯金でまかなうのが理想ではありますが、高額療養費制度の対象外となる領域を保険でカバーしておきたいという方は、民間の医療保険を検討してみてもいいかもしれません。

　また会社員や公務員の方は入院中も傷病手当金による所得保障がありますが、自営業者などの方は、入院中は収入が止まってしまうため、万が一に備えて民間の医療保険でカバーするのもいいでしょう。

知らないと損！　高額療養費制度

← 医療費の自己負担 3 割 →

高額療養費制度による払い戻し（限度額を超えた分は払い戻しされる）	自己負担限度額（自分が支払う限度額）

ペンタごんなら区分ウに該当し、月9万円程度が上限になるよ！

	適用区分	1 カ月（1 日から末日まで）に支払う自己負担の限度額
ア	**年収約 1,160 万円〜** 健保：標準報酬月額 83 万円以上 国保：基準所得 901 万円超	252,600 円＋(医療費－ 842,000 円)× 1%
イ	**年収約 770 〜約 1,160 万円** 健保：標準報酬月額 53 〜 79 万円 国保：基準所得 600 〜 901 万円	167,400 円＋(医療費－ 558,000 円)× 1%
ウ	**年収約 370 〜約 770 万円** 健保：標準報酬月額 28 〜 50 万円 国保：基準所得 210 〜 600 万円	80,100 円＋(医療費－ 267,000 円)× 1%
エ	**〜年収約 370 万円** 健保：標準報酬月額 26 万円以下 国保：基準所得 210 万円以下	57,600 円
オ	住民税非課税者	35,400 円

高額療養費制度の立替をなくせる限度額適用認定証とは？

高額療養費制度の自己負担限度額を超えた分の払い戻しは後日になるが、各健康保険の窓口に限度額適用認定証をあらかじめ申請しておき、医療機関の窓口に提示すると、支払いが自己負担限度額までとなり、立替しなくて済むのでおすすめ。また、限度額適用認定証に記載された区分（ア〜オ）を見れば、自己負担限度額の目安も分かる

※自己負担限度額は 69 歳以下の場合で、70 歳以上の場合は自己負担限度額が異なる（直近 12 カ月にて 4 回以上高額療養費の支給を受ける場合は、多数回該当により 4 回目以降の自己負担限度額は軽減）

※高額療養費制度が利用できるかは、同じ月（1 日から末日）における、同一の医療機関（医科・歯科別、入院・通院別）で同一の診療を受けた際の自己負担額で判定

※ 1 つの医療機関等での自己負担では限度額を超えない時でも、同じ月の別の医療機関等での自己負担（69 歳以下の場合は 21,000 円以上である必要あり）の合算が可能。また同じ世帯にいる家族（同じ医療保険に加入している場合に限る）が同じ月に負担した医療費があれば世帯合算も可能

② 残された家族の生活保障となる遺族年金を知っておこう

　特に子どもがいる家庭では、突然、夫や妻が亡くなった後の生活が心配になる方も多いはずです。

　ただ**社会保険には、家計を支える身内が亡くなった場合を想定した、年金保険での保障がちゃんとありますよ。**

　年金保険は、会社員や公務員の方を対象とした厚生年金と自営業者などの方を対象とした国民年金に分かれ、この2つをまとめて公的年金といいます。

　公的年金と聞くと老後にもらう老齢年金のイメージが強いと思いますが、他にも障害の状態になった時に支給される障害年金や、遺族の生活を保障する遺族年金など、大きく分けて3種類があります。

　そのため、**家計を支える夫や妻が亡くなった場合は、まずは遺族年金や貯金などでカバーできないかを考え、足りない分については民間の生命保険で補うことを考えましょう。**

社会保険における年金保険を知ろう！

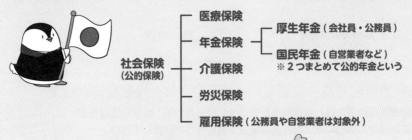

社会保険（公的保険）	医療保険
	年金保険 —— 厚生年金（会社員・公務員） 国民年金（自営業者など） ※2つまとめて公的年金という
	介護保険
	労災保険
	雇用保険（公務員や自営業者は対象外）

公的年金の主な内容 💰年金

老齢年金	**いわゆる老後にもらえる年金で、原則65歳以上になると支給される** （会社員・公務員は老齢基礎年金＋老齢厚生年金、自営業者は老齢基礎年金のみ）
障害年金	**病気やケガなどにより、所定の障害の状態になった場合に支給される** （会社員・公務員は障害基礎年金＋障害厚生年金、自営業者は障害基礎年金のみ）
遺族年金	**公的年金の被保険者が死亡した際、その人の遺族に対して支給される** （会社員・公務員は遺族基礎年金＋遺族厚生年金、自営業者は遺族基礎年金、寡婦年金、死亡一時金など）

　たとえば子どもが 1 人いる場合に、家計を支える夫または妻が亡くなってしまうと、遺族基礎年金として、子どもが 18 歳になるまで年 1,005,600 円、つまり毎月約 83,000 円が支給されます。

　さらに、亡くなった方が会社員や公務員の場合は、遺族厚生年金の上乗せもあります。

　遺族厚生年金は亡くなった方の給与や勤続年数によって金額が変わるため、計算がやや複雑ですが、ざっくりと年 30 ～ 50 万円くらいの支給を目安にしておくといいでしょう。

　これらの遺族年金を踏まえ、民間の生命保険で必要な保障額を考える際の、大まかな計算方法も紹介しておきます。

　必要な保障額の考え方はシンプルで、まずは今後必要となるであろう遺族の支出見込を計算します。遺族の生活費や住居費、子どもの教育費など、今後必要になる資金の総額です。

　次に、今後入ってくるであろう遺族の収入見込を計算します。先ほどの遺族年金はもちろん、配偶者の老齢年金、会社によっては勤務先の死亡退職金などもあるでしょう。

　あとは支出見込から収入見込を引いて、足りないお金が必要保障額となるので、この分を死亡保障の生命保険などで準備することを検討しましょう。

　生命保険は掛け捨てで用意すれば、保険料は比較的割安で済むため、保障額や保険会社、性別、年齢などによっても変わりますが、月3,000～5,000円程度を目安としておけばよろしいかと思います。

　おおよそでもいいので、残される家族のために必要な保障額がいくらかを考えてみて下さい。

生命保険の必要保障額の考え方は？

遺族基礎年金で子のある配偶者の年金額（令和3年度）

子の人数	基本額	子の加算額	合計
子が1人いる場合	780,900円	224,700円	年1,005,600円
子が2人いる場合	780,900円	224,700円×2	年1,230,300円
子が3人いる場合	780,900円	224,700円×2 ＋74,900円	年1,305,200円

※遺族基礎年金を受けられる配偶者は、子どもがいること、年収が850万円未満であることが条件

遺族基礎年金も収入見込に加えればいいんだね

遺族の支出見込
・生活費
・住居費
・子どもの教育費
・亡くなった方の葬儀代など

ー

遺族の収入見込
・遺族基礎年金
・遺族厚生年金
・配偶者の老齢年金
・会社からの保障
・配偶者の収入
・貯金など

＝

必要保障額
・死亡保障の生命保険などで準備を検討
※死亡保障のみが目的なら掛け捨てでOK

遺族基礎年金は、子どもが18歳になるまではもらえるよ！
亡くなった方が会社員や公務員なら、遺族厚生年金もあるから、
ざっくりと年30～50万円くらいを目安に上乗せするといいかな

※遺族の支出見込、収入見込は、残された夫もしくは妻が亡くなるまで、もしくは子どもが独立するまでの期間を想定

いかがでしたでしょうか。民間の医療保険や生命保険に入るべきか悩んでいた方は、高額療養費制度や遺族年金を知っておくだけで安心感が違うはずです。

社会保険にはこの他にも、介護保険や労災保険、雇用保険など、様々な保障が手厚く用意されていますので、興味があればぜひ調べてみて下さい。

また、民間保険には貯蓄・運用目的の保険などもありますが、それは貯金や第3章で紹介する投資でもまかなえます。

保険はあくまでも、将来アクシデントが起きた際に、貯金でまかなえない高額な費用に対して備えるものなので、貯蓄や投資とは分けて考えるのがいいですよ。

ぼんやりと不安を抱えたまま、あれもこれもと民間保険に入ってしまうと、保険料が家計を圧迫してしまい、将来どころか今の生活が厳しくなってしまいます。**自分が将来にどんな不安を感じているか、そしてそれは社会保険や貯金ではカバーできないかをまずは考えて、足りない分は民間の保険を検討**しましょう。

この順番を忘れないようにして下さい！

激安たまご
Get──!!

うおおおお　　おおおお

節約って
てっきりこんなのを
想像してたよ

固定費削減なら
一度やった後は
ゆっくりできていいよね♪

第 **3** 章

投資ってなに？

1 ▶ 投資と投機の 違いを知ろう

さて、貯金の次は、お待ちかねの投資について知っておこうか。

よ〜し投資だ、一攫千金を目指すぞ〜！　でも投資ってギャンブルみたいなものだよね？　負けたら全額失うなんて想像したら……ブルブル。（震えが止まらない）

投資とギャンブルって同じように見られがちだよね。ただ、それはよくある誤解だから、**まずは投資と投機の違いを知っておこう。**
投資と投機にはいろんな考え方があるけど、**ここで言う投資とは、ゆっくりだけど着実に資産を増やしていくもの**だと思ってね。たとえば、株式投資は聞いた事あるよね？

会社の株を買ったら株主になることができて、株価が上がったら利益が出るってやつでしょ？　全然やったことないけど、それくらいのイメージはあるかな。

そうだね。有望だと思う会社の株を買い、その会社が株で集めた資金を元手に、新しい製品やサービスを開発して利益が出たとしよう。
会社の業績が上がると、その会社に投資したい人が増えるから株価は上昇するし、利益の一部は株主にも還元される。だから長い間じっくりと株を持ち続けることで、**企業の成長を通した利益を得ることができる**んだ。

なるほど……メモメモ。

株主である投資家はもっと儲けたいと思っているんな会社に投資するし、会社はその投資してもらったお金で事業を拡大しようとする。また従業員も、自分の生活をより豊かにするために頑張って働く。だから新しい製品やサービスが生まれ続けることで経済は活発になり、株価はさらに上がっていくんだ。
長い目で見て株式市場全体が成長すれば、投資した人全員の損益を合計するとプラスになる、つまり投資の成績が平均点であっても利益が期待できるからプラスサムゲームとも言われるね。

ふむふむ、とりあえず時間をかけて気長にやるのが投資ってことか。

一方で投機とは、ある機会において短い時間でお金を投じるものなんだ。
たとえば、株式投資もトレード（機会を見計らって、株式を買ったらすぐ売って利益を狙う方法）なら、短期的に売買を繰り返す点で投機になるね。
また、俗にギャンブルといわれるパチンコや競馬は、その日のうちに勝ったか負けたかが決まるから、比較的短時間で結果が出るという意味で投機と言えるよね。

たしかに。パチンコは何回かやった事あるけど、たまに儲かる時もあれば、1時間後にはすっからかんだった時もあったなあ。

投資ってなに？

トレードは短時間で売買する分、株式市場全体の規模が大きくなっているわけではないから、利益を奪い合っている参加者全員の損益を合計するとゼロになる、ゼロサムゲームと言われるよ。
ギャンブルは参加者にとってさらに条件が厳しくて、パチンコなら集まったお金の約15％、競馬は約25％、宝くじはなんと約50％は主催者の取り分になってしまうから、**参加者の損益の合計は大きくマイナスになる、マイナスサムゲームと言われるんだ。**

そ、そうだったのか！　こうやって聞くと投資と投機って全然違うんだね……知らなかったな～。

投資と投機をごっちゃにしている人は多いけど、まずは両者の違いを知っておこう。
トレードでちゃんとお金を増やしている人もいるし、ギャンブルだって趣味や娯楽でやる分にはいいと思うから、投機自体がダメなわけじゃないよ。
ただ**コツコツ堅実にお金を増やしていきたいなら、プラスサムゲームである投資を始めるのが大事**だね。

堅実にお金を増やしたいなら投資か……了解です！

投資と投機の違いを知ろう！

投資＝ゆっくりだけど着実に資産を増やしていくもの（株式投資など）

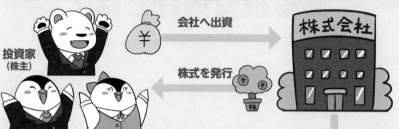

投資家
（株主）

会社へ出資

株式会社

株式を発行

事業拡大！

全員の損益の合計が
プラスになる、
プラスサムゲーム

株主への還元
（株価の上昇・配当など）

投機＝ある機会にて短い時間でお金を投じるもの（トレードやギャンブルなど）

株式のトレード

1万円
損した…

1万円
儲けた！

ギャンブル

100万円購入

50万円還元

損益の合計がゼロになる、ゼロサムゲーム
（短期売買のFXなども該当）

主催者の取り分を考慮すると、損益の合計が
マイナスになる、マイナスサムゲーム

✨ Point

● 投資とは、ゆっくりだけど着実に資産を増やしていくもので
　株式投資などがあり、参加者全員の損益の合計がプラスにな
　るプラスサムゲームである。

● 投機とは、ある機会において短い時間でお金を投じるもので
　短期売買のトレードやギャンブルなどがあり、参加者全員の
　損益の合計がゼロになるゼロサムゲーム、もしくは主催者の
　取り分を考慮するとマイナスサムゲームとも言われる。

● 投資と投機の違いを知り堅実にお金を増やす投資を始めよう。

2 おすすめの金融商品である投資信託とは？

株式投資といっても、どこの会社の株を買えばいいのさ？
調べ方もよく分からないし、平日は仕事をしていて休日はグータラするのに忙しいから、正直あんまり時間はかけたくないんだよね。

たしかに、投資が趣味の人ならいいけど、普通の人はできるだけ投資にかける時間は減らしたいもんね。
そんなペンタごんにおすすめなのが、投資信託だよ。
投資信託はファンドとも言われるけど、「投資を信じて託す」という言葉通り、運用の専門家（運用会社）が投資家から集めたお金を、いろんな株式などに投資する金融商品なんだ。

投資を信じて託す？　なんか怪しいな、僕をだまして変なものを買わせようとしてないよね……？

投資信託は僕も買っているけど、メリットが3つもある優秀な金融商品だから、順番に紹介するね。

❶**手軽に分散投資ができる**
❷**少額からでも購入できる**
❸**運用する機関が破綻しても資産は守られる**

まず投資信託は、A社、B社、C社、D社など様々な会社の株式が袋詰めになっているイメージを持っておこう。これを1つ買うだけで、それぞれの会社の株を買ったことになるんだ。

ふむふむ、たしかにどこの会社の株を買えばいいか分からないなら、まとめて投資しちゃえばいいってことか。

そうだね。これにはちゃんとメリットがあって、仮にA社の株価が大きく下がったとしても、他の会社の株価がそのままなら、A社にのみ投資していた時と比べて損失は少なくて済むよね。
投資では分散投資が大事とよく言われるけど、その分散投資を手軽にできるのが投資信託なんだ。
投資信託1つで数百社、数千社に分散投資することもできるから、自分で会社の株式を数百銘柄も購入することを想像すれば、投資信託がどれだけ素晴らしいか分かるはずだよ。

なるほど〜。でも、その投資信託とやらは、いくらで買えるのさ?
どうせ始めるには100万円くらい必要で、僕みたいな貧乏人には手が届かないんでしょ……。

投資信託は金融機関によっては100円でも買えるから、おこづかい程度の資金でじゅうぶん始められるよ。
株式投資では最低購入額が数十万円必要な会社もあるんだけど、投資信託は多くの投資家からお金を集めて投資するから、少額からでいいんだ。

そうなの!?　投資を始めるには、もっと大金が必要で、お金持ちだけができるものだと思っていたよ。

サラリーマンや主婦など、忙しくて投資に時間が割けない人や、まとまったお金がない人に投資信託はピッタリと言えるね。
しかも！　投資信託は運用する機関が破綻しても、僕たち投資家の資産はちゃんと守られるよ。
なぜなら、投資信託には販売会社、運用会社、信託銀行という3つの金融機関が関わっているからなんだ。
販売会社は投資信託を売る銀行や証券会社などで、運用会社は投資信託を作って実際に運用する会社、信託銀行は投資信託の中身である株式などを管理する会社だよ。

へ～そんなにいろんな会社が関わってるのか。銀行とか証券会社で買っても、運用や管理をしているのは他の金融機関なんだね。

これには投資家を保護する狙いもあって、仮に販売会社や運用会社が破綻しても、投資信託を管理しているのは信託銀行だから問題がないんだ。
さらに、信託銀行は投資家から集めたお金を、自社の財産とは区別して管理しているよ。これを分別管理というんだけど、おかげで信託銀行が破綻した時でも、僕たち投資家の資産は保全されるんだ。
ただし、運用する機関が破綻しても資産は保全されることと、投資信託を運用した際に損失が発生することは別の話だから、注意してね。

万が一の時まで考えて、投資信託は僕たちのお金がちゃんと守られる仕組みになっているんだね。
思ったよりずっといい金融商品じゃないか……疑ってスミマセン！

投資信託の仕組みとメリットを知ろう

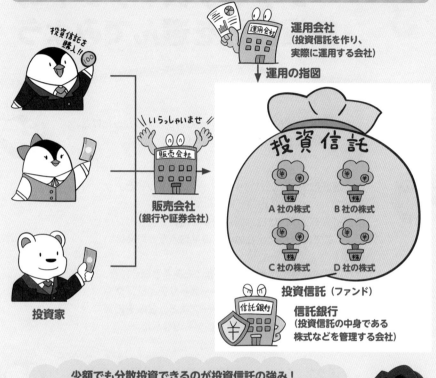

投資信託を購入!!

いらっしゃいませ

運用会社
（投資信託を作り、
実際に運用する会社）

運用の指図

販売会社
（銀行や証券会社）

投資家

投資信託

¥ A社の株式　¥ B社の株式
¥ C社の株式　¥ D社の株式

投資信託（ファンド）

信託銀行
（投資信託の中身である
株式などを管理する会社）

少額でも分散投資できるのが投資信託の強み！
販売会社、運用会社、信託銀行のいずれかが
破綻しても、投資家の資産は守られるよ

✏ Point

● 投資信託は、様々な会社の株式などが袋詰めになっている金融商品で、手軽に分散投資ができる上に、金融機関によっては 100 円と少額からでも購入できる。

● 投資信託には販売会社、運用会社、信託銀行という 3 つの金融機関が関わっており、万が一、いずれかの会社が破綻しても投資家の資産は守られる仕組みになっている。

インデックスファンドの投資信託を選んでみよう

とりあえず投資信託がいいっていうのは分かったけど、その中でもどれを選べばいいの？

投資信託は大きく分けてインデックスファンドとアクティブファンドの2種類があるんだ。
まずインデックスは日本語に訳すと指数と言うんだけど、ここでは色んな会社の株価の平均点だと思えばいいよ。
たとえば日経平均株価って聞いたことあると思うけど、あれはユニクロを展開するファーストリテイリングや通信系大手のソフトバンクグループなど、日本を代表する企業225社の株価を平均したものなんだ。

そうだったのか！　日経平均株価って仕事中にも聞くワードだから気になっていたんだけど、こうやって聞くと全然難しくないね。

指数を出すための平均の仕方自体は色々あるんだけど、こうやって多くの企業の株価の平均点である指数と同じ動きをするのがインデックスファンドだよ。
つまり、日経平均株価に連動するインデックスファンドを買えば、国内の大企業225社の株価の平均点に投資することになるんだ。

なるほど～。投資信託はいろんな株式とかが袋詰めになる商品だから、インデックスファンドを買えば、それらの株式の平均点に投資できるっていうことだね。

一方で**アクティブファンドとは、指数を上回る成果を目指す投資信託**だと思えばいいよ。

投資信託は運用の専門家である運用会社にお金を託すとさっき説明したけど、**アクティブファンドは運用会社における運用担当者（ファンドマネージャー）が値上がりしそうな会社を探して投資を行う**んだ。

アクティブファンドは投資する会社を選ぶのに手間がかかるから、インデックスファンドより手数料が高いことが多いけど、インデックスファンドより利益が上げられる可能性もあるね。

インデックスファンドとアクティブファンドを比較！

インデックスファンド

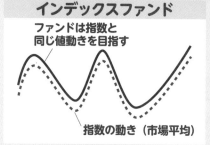

ファンドは指数と同じ値動きを目指す

指数の動き（市場平均）

アクティブファンド

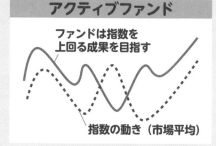

ファンドは指数を上回る成果を目指す

指数の動き（市場平均）

インデックスファンド		アクティブファンド
指数に連動した値動きにより、市場の平均点を目指す	**運用目的**	運用担当者が投資する会社を選別して、指数を上回る成果を目指す
比較的低い（保有コストの信託報酬は、平均で年 0.42％程度）	**コスト（手数料）**	比較的高い（保有コストの信託報酬は、平均で年 1.56％程度）
eMAXIS シリーズなど（運用会社は三菱 UFJ 国際投信）	**ファンド例**	ひふみシリーズなど（運用会社はレオス・キャピタルワークス）

投資信託は大きく分けてこの2種類！
投資にあまり手間や時間をかけたくない人は、
インデックスファンドで平均点を取りに行こう

※インデックスファンドの平均の信託報酬は、モーニングスターにおける「主要インデックスファンド一覧」232 銘柄が対象。アクティブファンドの平均の信託報酬は、モーニングスターにおける「2020 年 8 月末までの過去 60 カ月間モーニングスターレーティングが算出されているアクティブファンド」263 銘柄が対象

ふ〜ん、で、僕みたいなグータラペンギンはどっちを選べばいいの？
とりあえずこっちを選んでおけば間違いなしっていうのが知りたい！

おすすめは指数に連動するインデックスファンドだね。
実は、アクティブファンドは指数を上回る成果を目指すものの、インデックスファンドに勝てないケースも多いんだ。
データ①は、過去10年間に、日本で運用されているアクティブファンドが、対象とする指数を下回った割合だよ。

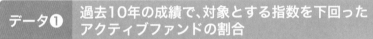

データ❶　過去10年の成績で、対象とする指数を下回ったアクティブファンドの割合

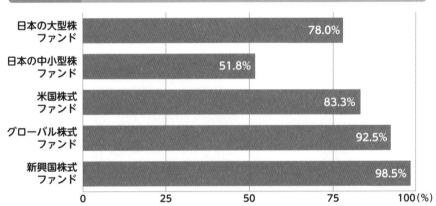

日本の大型株ファンド	78.0%
日本の中小型株ファンド	51.8%
米国株式ファンド	83.3%
グローバル株式ファンド	92.5%
新興国株式ファンド	98.5%

（出所）「SPIVA® Japan Scorecard（Mid-Year 2020）」より筆者作成。各ファンドと比較する指数は次の通り。日本の大型株ファンドは S&P/TOPIX 150 指数、日本の中小型株ファンドは S&P 日本中小型株指数、米国株式ファンドは S&P500、グローバル株式ファンドは S&P グローバル 1200 指数、新興国株式ファンドは S&P エマージング BMI 指数

どれも 50% を超えている……つまり半数以上のアクティブファンドは、インデックスファンドに負けているってこと?

そうだね。インデックスファンドより成績がいいアクティブファンドもあるから、必ずしもアクティブファンドがすべてダメというわけではないよ。
ただ、**アクティブファンドは運用会社の投資方針や運用担当者、運用実績などを調べて、いい商品を見つけるのに時間がかかるから、手間をかけたくないという人には合わないね。**
このインデックスファンドを買って運用することをインデックス投資というんだけど、とにかく楽ちんな投資がしたい人は、インデックス投資を始めるのがいいよ。

楽ちんな投資したいです! インデックス投資、まさに僕にピッタリだ!

‧✧ **Point** ‥‥‥‥‥‥‥‥‥‥‥‥‥‥‥‥‥‥‥‥‥‥‥‥‥‥

●**投資信託には、指数に連動する値動きを目指すインデックスファンドと、指数を上回る成果を目指すアクティブファンドがある。**

●**投資に手間をかけたくない人は、比較的低コストで、指数に連動することで市場の平均点を取りに行くインデックスファンドがおすすめ。**

‥‥‥‥‥‥‥‥‥‥‥‥‥‥‥‥‥‥‥‥‥‥‥‥‥‥‥‥‥‥‥‥‥‥‥‥

3

投資ってなに?

これぞ王道！　全世界株式のインデックス投資

素朴な疑問なんだけど、インデックス投資っていろんな株式とかの平均点に投資することなんだよね。でも、本当にそれだけでお金が増えるの？

疑いたくなるのは分かるけど、まあ見てごらん。データ②は、MSCI ACWI Index という、全世界株式の代表的な指数の過去のグラフだよ。
先進国 23 カ国、新興国 27 カ国の株式市場の時価総額（株価×発行済株式数）の大きさで平均したものなんだけど、約 30 年前から遡って見ても、ずっと右肩上がりが続いているよ。

データ❷　全世界株式と国内株式に連動する指数の比較

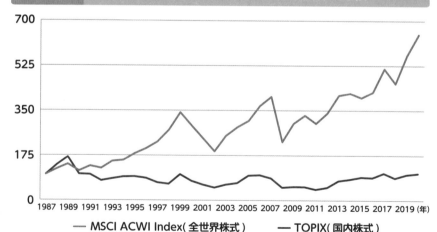

(出所) MSCI「End of day index data search」、日本取引所グループ（JPX）「TOPIX (東証株価指数)」より筆者作成。MSCI ACWI (All Country World Index)、TOPIX ともに 1987 年= 100 とした値。対象期間は 1987 ～ 2020 年

な、なんじゃこりゃ〜! つまり世界中の会社に投資して、あとはその株をずっと持ち続けておくだけでお金が増えていくってこと!?

そうだよ、国内株式の代表的な指数である TOPIX(東証株価指数)と比べても、その差は一目瞭然だね。
まあこのグラフの始まりである 1987 年は、ちょうど日本はバブルの頃だったこともあるんだけど、現在に至るまで TOPIX はほとんど成長していないんだ。
一方、全世界株式に投資しておけば、約 30 年間で 7 倍近くにまで増えていたね。もちろん短期間ではマイナスになる時期もあるけど、長い目で見て投資を続けていれば、利益はじゅうぶん期待できるよ。

う〜ん、でもこれって世界中の会社の株価の平均なんでしょ? 何でそれが今後も上がり続けるって言えるの?

それは、全世界株式の指数と世界全体の名目 GDP(国内総生産)はおおむね連動していて、世界全体の GDP は今後も上昇していくと予想されているからなんだ。
GDP は聞きなれない言葉だと思うけど、ようするに経済の規模を表すモノサシだと思ってね。
データ③の全世界株式に連動する指数と世界の名目 GDP の推移を見てみると、上昇してきたことが一目で分かるよ。

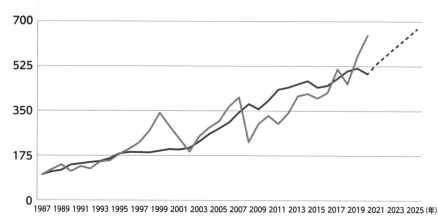

― MSCI ACWI Index(全世界株式)　　― 世界の名目 GDP(国内総生産)

（出所）IMF「WORLD ECONOMIC OUTLOOK（October 2020）」、MSCI「End of day index data search」より筆者作成。MSCI ACWI (All Country World Index)、世界の名目 GDP ともに 1987 年＝100 とした値。対象期間は 1987 〜 2020 年で、2021 年以降の GDP 推移は IMF における予測

ふ〜む、つまり世界全体で見た時に、経済はこれからも成長していくから、世界の株価も上がっていくだろうってこと？

その通り！　**GDP が成長し続ける要因としては、人口増加や新たなテクノロジーの誕生などがあるよ。**
特に人口については、世界全体で見ると 2100 年までは増え続けるとも言われているから、今後も世界経済が成長する後押しになるだろうし、僕たちは全世界株式を買うだけでその恩恵を受けることができるんだ。
この全世界株式こそ、限りなく全体に分散投資するという意味で、インデックス投資における王道とも言えるね。

ほへ〜、インデックス投資ってすごいな〜。これでざっくざくお金が増えるんだよね！？

いや、そんなものすごく増えるということはないよ。
全世界株式でも、約30年間の平均としては年6%程度のプラスだからね。
年6%というと、1万円投資したら、来年には600円くらいの利益が出ているイメージだよ。
しかも近年の株式市場は比較的好調だったから、今後は年4〜5%程度の平均利回りを見ておくのがいいかもしれないね。

なんだ、インデックス投資って思ったよりしょぼいかも……。もっとドカーンとお金が増えたりしないの？

だから言ったでしょ、投資はゆっくりだけど着実にお金が増えるものだって。
ただ長く運用を続ける事で、さっきの全世界株式のグラフのように、将来大きく増やすことが期待できるよ。
いずれにしろ、**インデックス投資は時間を味方につけて、じっくりと増やしていくもの**だと思っておこう。

は〜い、投資はとにかくコツコツやるものってことか。
じゃあ、全世界株式のインデックスファンドの中で、おすすめの投資信託を教えてもらっていい？

もちろん！　この３つあたりが低コストで人気だね。

❶ **eMAXIS Slim 全世界株式（オール・カントリー）**
❷ **SBI・全世界株式インデックス・ファンド**
❸ **楽天・全世界株式インデックス・ファンド**

特に **eMAXIS Slim シリーズは、ラインナップも充実していて、コストが安いインデックスファンドの代表格にもなっているから、覚えておくといいよ。**
近年はインデックスファンドの手数料競争が激化していて、保有コストである信託報酬は年 0.1 〜 0.2％まで下がってきているから、仮に１万円でインデックスファンドを買って１年間運用したとしても、信託報酬は 10 〜 20 円程度しかかからないんだ。

そんなに手数料が安いの！？　インデックスファンド……恐るべし！

一番人気がある eMAXIS Slim 全世界株式（オール・カントリー）は、今回紹介した MSCI ACWI Index に連動しているよ。
ちなみに **MSCI ACWI Index における各国の構成比率を見ると、現状は米国が 57.8％とかなり高くなっているね。**
MSCI ACWI Index の構成比率は各国の株式市場の時価総額の増減によって変わるんだけど、今はそれだけ世界的に見ても、米国の株式市場の規模が大きいと言えるよ。
次は、そんな米国株に注目していこうか。

全世界株式のインデックスファンドのおすすめはこの3銘柄!

ファンド名	連動する指数	信託報酬（税込）
eMAXIS Slim 全世界株式 （オール・カントリー） （運用会社：三菱 UFJ 国際投信）	MSCI ACWI Index （世界の大型～中型株約 3,000 銘柄）	年 0.1144%
SBI・全世界株式 インデックス・ファンド （運用会社：SBI アセットマネジメント）	FTSE Global All Cap Index （世界の小型株を含めた約 8,000 銘柄）	年 0.1102%
楽天・全世界株式 インデックス・ファンド （運用会社：楽天投信投資顧問）		年 0.212%

MSCI ACWI Index における各国の構成比率

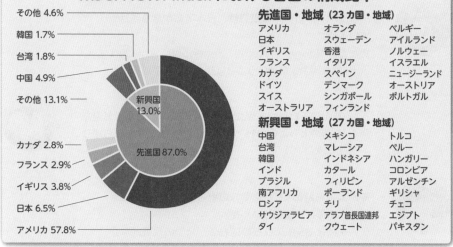

その他 4.6%
韓国 1.7%
台湾 1.8%
中国 4.9%
その他 13.1%
カナダ 2.8%
フランス 2.9%
イギリス 3.8%
日本 6.5%
アメリカ 57.8%

新興国 13.0%
先進国 87.0%

先進国・地域（23 カ国・地域）

アメリカ	オランダ	ベルギー
日本	スウェーデン	アイルランド
イギリス	香港	ノルウェー
フランス	イタリア	イスラエル
カナダ	スペイン	ニュージーランド
ドイツ	デンマーク	オーストリア
スイス	シンガポール	ポルトガル
オーストラリア	フィンランド	

新興国・地域（27 カ国・地域）

中国	メキシコ	トルコ
台湾	マレーシア	ペルー
韓国	インドネシア	ハンガリー
インド	カタール	コロンビア
ブラジル	フィリピン	アルゼンチン
南アフリカ	ポーランド	ギリシャ
ロシア	チリ	チェコ
サウジアラビア	アラブ首長国連邦	エジプト
タイ	クウェート	パキスタン

（出所）各投資信託の目論見書より筆者作成。信託報酬や MSCI ACWI Index における各国の構成比率など
は 2021 年 3 月末時点の数値。※表示桁未満の数値がある場合、四捨五入

Point

● 全世界株式のインデックスファンドは、限りなく全体に分散
投資するのでインデックス投資における王道とも言える。

● 全世界株式インデックスファンドは、低コストで人気の
eMAXIS Slim 全世界株式（オール・カントリー）、SBI・
全世界株式インデックス・ファンド、楽天・全世界株式イン
デックス・ファンドがおすすめ。

3

投資ってなに?

今や大人気！？　米国株式のインデックス投資

5

全世界の株式に幅広く投資するのがインデックス投資の王道か……でも、中身の半分以上は米国株が占めているんだね。

そうだよ。**米国株への投資は、日本でもかなり流行っているね。**
たとえば Google や Apple、Facebook、Amazon.com は米国企業だということは知っているよね？

うん、それはさすがに知っているかな。日本でも当たり前のように使われている商品やサービスだからすごいよね！

そんな**今を時めく IT 企業の牽引もあって、近年の米国株式の伸びは凄まじいんだ。**
データ④は S&P500 と呼ばれる、米国の代表的な企業 500 社の時価総額を平均した指数だよ。さっきの全世界株式の指数である MSCI ACWI Index と比較してみようか。
米国株がどれだけ成長しているかが一目で分かるよ。

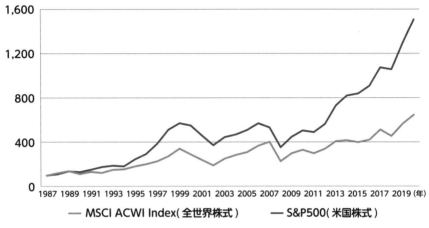

— MSCI ACWI Index(全世界株式)　　　— S&P500(米国株式)

（出所）MSCI「End of day index data search」、Yahoo! ファイナンスより筆者作成。MSCI ACWI (All Country World Index)、S&P500 ともに 1987 年＝100 とした値。対象期間は 1987 ～ 2020 年

どっひゃ～！　全世界株式よりもはるかに伸びている じゃないか！

米国株式は過去 30 年で約 15 倍にもなったから、驚 きだよね。このグラフを見れば、米国株に投資する人 が増えているのも頷けるはずだよ。

さすが米国って感じだね。他にも米国株式の魅力は何 かあるの？

米国は先進国の中では珍しく、今後も人口の増加が予想される国なんだ。
データ⑤は、国連のデータを基にした米国と日本の人口推移予想なんだけど、米国は2100年まで人口が増える見込みになっていて、一方の日本は右肩下がりにどんどん人口が減っていくと予想されているよ。

データ⑤　米国と日本の人口推移予想

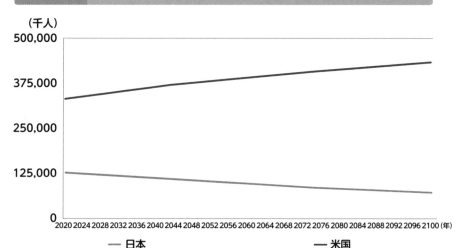

（出所）United Nations「2019 Revision of World Population Prospects」より筆者作成。対象期間は2020～2100年

日本は少子高齢化って言われているもんね……。なんで米国はこんなにも増えるのさ？

米国の人口が増える大きな理由は、移民の受け入れで、過去にも毎年約100万人程度の移民を受け入れてきたんだ。
人口が増えれば国内の経済活動は活発になって、若い労働力も確保できるから、国の成長に繋がっていくね。反対に日本は人口減少だけでなく少子高齢化問題もあるから、なかなか厳しいと言わざるを得ないかな。

人口が増える国って言うと、中国とかはどうなのさ？

たしかに人口が増える国と言えば中国などの新興国を思いつくだろうけど、**法整備が不十分な新興国は、人口が増えてGDPが成長しても、株価が伸びるとは限らない傾向にあるから**、インデックス投資の対象には選びづらいかもしれないね。

なるほどな〜。でも、それなら米国だけに投資すればいいんじゃないの？

いや、**米国株式であっても、他の国より必ず伸びるとは限らないよ。**たしかに今は米国株が盛り上がっているけど、時期によっては、米国株より新興国株や日本株が伸びる時も過去にはあったからね。
そのため、あえて特定の国を選ばず、世界中に分散投資しておくのがインデックス投資の根本的な考え方であることを忘れないでね。
ひとまずは、**できるだけ幅広く分散投資しておきたいなら全世界株式、米国の今後の成長に確信が持てるなら米国株式を選ぶ**という選択肢でいいんじゃないかな。

ふ〜む、どちらか迷うなあ……。全世界株式の投資信託と米国株式の投資信託を両方選ぶのはアリかな？

さっき見た通り、全世界株式の中身の半分以上は米国株だから、両方選ぶとトータルでの米国比率がだいぶ大きくなってしまうね。
ただ今後、**米国以外の国が成長した時は、全世界株式の構成における米国比率は下がっていく可能性もある**から、迷うなら全世界株式と米国株式、両方の投資信託を持って運用するのも悪くないとは思うよ。

了解です！　そうしたら、米国株式のインデックスファンドで、おすすめの投資信託を教えて下さい！

この3つが低コストで人気だね。

❶ **eMAXIS Slim 米国株式（S&P500）**
❷ **SBI・V・S&P500 インデックス・ファンド**
❸ **楽天・全米株式インデックス・ファンド**

一番人気がある eMAXIS Slim 米国株式（S&P500）は、今回紹介した米国株式の代表的な指数 S&P500に連動しているよ。
S&P500 の中身を見てみると、上位の銘柄は Google や Apple、Facebook、Amazon.com、Microsoft などが占めているね。
IT 業界において世界的なシェアを誇る5社の頭文字をまとめて **GAFAM**（ガーファム）と呼ばれているから、覚えておくといいよ。

ガーファム……なんかかっこいい！　よ〜し、米国株式もチェックしてみるぞ〜！

米国株式のインデックスファンドのおすすめはこの3銘柄！

ファンド名 🇺🇸	連動する指数	信託報酬（税込）
eMAXIS Slim 米国株式 （S&P500） （運用会社：三菱UFJ国際投信）	S&P500 （米国の大型株約500銘柄）	年 0.0968%
SBI・V・S&P500 インデックス・ファンド （運用会社：SBIアセットマネジメント）		年 0.0938%
楽天・全米株式 インデックス・ファンド （運用会社：楽天投信投資顧問）	CRSP US Total Market Index （米国の中型〜小型株まで含めた 約3,500銘柄）	年 0.162%

S&P500における上位10銘柄の比率

1 APPLE INC	6.5%	6 ALPHABET INC-CL C(Google)	1.6%
2 MICROSOFT CORP	5.4%	7 BERKSHIRE HATHAWAY INC-CL B	1.4%
3 AMAZON.COM INC	4.8%	8 JOHNSON & JOHNSON	1.3%
4 FACEBOOK INC-CLASS A	2.4%	9 PROCTER & GAMBLE CO/THE	1.2%
5 ALPHABET INC-CL A(Google)	1.6%	10 NVIDIA CORP	1.1%

米国の大企業500社を対象とした株価指数のS&P500は
よく出てくるので覚えておこう！
上位銘柄は現状、GAFAMが占めているよ

（出所）各投資信託の目論見書より筆者作成。信託報酬などは2021年3月末時点の数値

✏️ Point

● 米国株式のインデックスファンドは、近年のパフォーマンスが
全世界株式を超えており、インデックス投資で人気が高い。

● GAFAMを始めとするIT企業の牽引や、将来の人口増加の予想などで、
米国の成長に今後も確信が持てるなら米国株のインデックス投資はアリ。

● 米国株式インデックスファンドは、低コストで人気の eMAXIS
Slim 米国株式（S&P500）、SBI・V・S&P500 インデックス・
ファンド、楽天・全米株式インデックス・ファンドがおすすめ。

投資のリスクを
正しく理解しよう

だいぶ投資が分かってきた気がするぞ！　でもやっぱり損するリスクがあると思うと……どうしても怖くなっちゃうなあ。

投資のリスクについてちゃんと理解すれば、その不安も減ってくるはずだよ。
たとえばペンタごんは、ゲームアプリは好きだったよね。ロールプレイングゲームをやっていて、強い敵と戦う事になったらどうする？

そりゃ〜何とか頑張って倒そうとするさ！　強い敵は経験値がたくさんもらえたりするからね。

投資におけるリスクも、そのイメージが近いんだ。強い敵だと負ける可能性も高くなるけど、倒した時の経験値が大きいからレベルアップしやすくなるよね。一方で弱い敵だと、負ける可能性は低くなるけど、得られる経験値は小さいからレベルアップしづらくなるね。**リスクというと危険性のような意味合いで捉えがちだけど、投資の世界では、このように得られるリターン（利益）の振れ幅のことを指すんだ。**
リスクが大きい投資信託とリスクが小さい投資信託があるとして、両者を比較すると値動きの幅が違うことが分かるよ。

リスクとリターンのイメージを掴もう

ハイリスク・ハイリターン

↓ 投資でリスクが大きいとは、
値動きの幅の大きさを意味する

利益が大きい時もあれば
損失が大きい時もある

ローリスク・ローリターン

↓ 投資でリスクが小さいとは、
値動きの幅の小ささを意味する

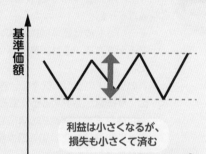

利益は小さくなるが、
損失も小さくて済む

投資はリスク（値動きの幅）があるからこそ
リターン（利益）が得られるので、
「リスクがある＝悪いこと」ではないんだ！

たしかに、リスクが大きいとそれだけ値動きが激しく
なっているから、たくさん儲かる時もあれば大きく損
する時もあるってことか。

このようにリスクとリターンは、表裏一体の関係にあるから、リスクがあるのが一概に悪いこととは言えないんだ。
リスクが大きなものほどリターンが大きい（ハイリスク・ハイリターン）し、リスクが小さいものほどリターンが小さい（ローリスク・ローリターン）傾向があるからね。

ふ〜む……じゃあリスクなしでハイリターンな商品なんて、やっぱりないの？　この前、とあるカフェで、毎月お金が2倍に増えて、絶対に損しない極秘投資話を耳にして興味があったんだけどな〜。

（ペンタごん、怪しい投資話に引っ掛かりそうになってるな……）
そういうものは基本的にはないと思ってね。リスクがあるからこそ、それに見合うリターンが期待できるんだよ。
このリスクの要因は様々で、**株式なら企業の業績などにより株価が上下する価格変動リスクがあるよ。また、全世界株式や米国株式のような海外への投資は、日本円と外国通貨を交換する際の為替レートが変動する為替リスクなども**あるね。

リスクとリターンはセットみたいなものなんだね。じゃあ、ここまで見てきた株式のリスクとリターンがどれくらいなのかも教えてもらっていい？

さっきの米国の代表的な株価指数S&P500を例にして、過去のリスクとリターンから、将来期待できる損益を計算してみようか。
統計学によると、**約68%の確率で「リターン±リスク」、約95%の確率で「リターン±リスク×2倍」に収まる**と言われているんだ。

と……統計学……。眠気に襲われちゃうから、難しい
話はパスでお願いします……。

イメージだけ掴んでおけば OK だから、寝ないで聞い
ててね。たとえば、過去のデータから期待リターンが
＋6％、リスクが 19％にて計算すると、約 68％の確
率で損益は−13％（＋6％ −19％）から＋25％（＋
6％ ＋19％）に収まるよ。
また、リスクを 2 倍にして考えると、約 95％の確率
で損益は−32％（＋6％ −19％×2）から＋44％（＋
6％ ＋19％×2）に収まるね。
つまり **S&P500 に連動する投資信託に 1,000 円を
投資したら、1 年後にはだいたい 7 割くらいの確率で
−130 円から＋250 円、9 割以上の確率で−320 円
から＋440 円程度の損益になっていると思えばいいよ。**

米国株価指数 S&P500 のリスクとリターン！

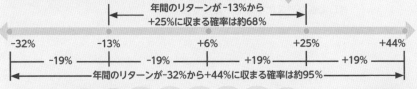

	年率平均					
	1 年	5 年	10 年	15 年	20 年	30 年
リターン（%）	＋12.5	＋13.0	＋16.4	＋8.8	＋6.7	＋9.7
リスク（%）	25.8	18.2	17.5	19.2	18.7	18.2

過去30年でリターンが最低値だった20年間運用のケースを
保守的に利用し、期待リターンは＋6％、リスクは19％にて計算

年間のリターンが−13％から
＋25％に収まる確率は約68％

| −32% | −13% | ＋6% | ＋25% | ＋44% |

−19%　　−19%　　＋19%　　＋19%

年間のリターンが−32％から＋44％に収まる確率は約95％

**S&P500に連動する投資信託に1,000円投資したら、1年後には
7割くらいの確率で−130円から＋250円、9割以上の確率で
−320円から＋440円程度の損益になっていると思えばいいよ！**

（出所）S&P500 のリスクとリターンは、myINDEX「S&P 500（配当込み）（円）」より筆者作成。データ
日は 2021 年 1 月末時点

ふむふむ。おおまかな範囲としてはマイナスの幅より
プラスの幅の方が大きいから、投資を続けていれば、
将来的にはお金が増えているだろうってこと？

その通り！　ただ必ずしもこの範囲に収まるとは言え
ず、**2008年のリーマンショックのような100年に
一度と言われる大暴落**だと、期間によっては**–50%
程度も下落した**ことがあるよ。

ええ〜！　–50%って投資したお金が半分になるって
ことでしょ？　僕はビビりペンギンだから、ちょっとで
もマイナスになったらどうしようもないほど不安に
なって、投資を止めちゃいそうな気がするんだ……。
僕みたいな小心者でも投資が上手くいく秘訣って、何
かないのかな？

そういう人には、**年間のリスクを下げられる長期投資
がおすすめ**だよ。
このグラフは、1950〜2020年の米国株価指数の
S&P500に投資した期間と年平均のリターンの幅な
んだ。
期間1年だと–38.5〜+45.0%とリターンの幅は大
きいから、それだけリスクが大きいということが分か
るね。でも**期間15年では年平均のリターンは＋0.9
〜＋15.6%**とリスクが小さくなって、どの時期に投
資してもプラスになっていたんだよ。

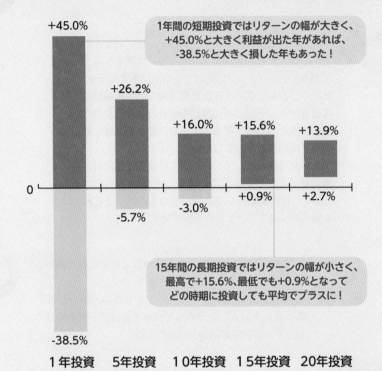

S&P500 の投資期間別の平均リターン

+45.0%

1年間の短期投資ではリターンの幅が大きく、
+45.0%と大きく利益が出た年があれば、
-38.5%と大きく損した年もあった！

+26.2%

+16.0%

+15.6%

+13.9%

0

-5.7%

-3.0%

+0.9%

+2.7%

15年間の長期投資ではリターンの幅が小さく、
最高で+15.6%、最低でも+0.9%となって
どの時期に投資しても平均でプラスに！

-38.5%

1年投資　5年投資　10年投資　15年投資　20年投資

長期投資なら年平均のリターンの幅が安定して、
リスクが小さくなる傾向があるので、
とにかく投資を長く続けることを心がけよう！

（出所）Yahoo! ファイナンスより筆者作成。対象期間は 1950 ～ 2020 年で、S&P500 の各年の年末終値を使用

そ、それって15年と長く運用すれば、必ずプラスになったってこと！？

もちろん過去のデータだから未来の保証にはならないんだけど、投資期間が長くなるほど、年間のリスクが下がって平均リターンは安定する傾向があるんだよ。
リーマンショックのような暴落は過去に何度も起こってきたけど、そのたびに株式市場は時間と共に回復して、全世界株式や米国株式は今日に至るまで過去最高値を更新し続けているんだ。
つまり大事なのは、インデックス投資を始めたら、相場の変動に惑わされることなく、とにかく長く続けること！　これを忘れなければ、小心者のペンタごんでも暴落時に慌てず続けられるはずだよ。

なるほど〜！　インデックス投資はとにかく長く続けるべしか……胸に刻んでおきます！
投資はリスクがあるからどうしても怖いイメージがあったんだけど、こうやって知っておけば不安もなくなって、前向きに始められそうだね！

Point

● 投資におけるリスクとは、リターン（利益）の振れ幅のことを指す。

● 投資期間が長くなるほど、年間のリスクが下がって平均リターンは安定する傾向にあるため、インデックス投資はとにかく長く続けることを心がけよう。

この章のチェックリスト

☐ 投資と投機の違いを知る

☐ 投資信託の基礎知識を学ぶ

☐ 投資のリスクについて正しく理解する

投資信託の目論見書の見方を知っておこう

投資信託に関する資料は、主に「目論見書」と「運用報告書」の２つがあります。

それぞれを簡単に説明すると、目論見書は投資信託の説明書であり、運用報告書は年１回などの頻度で運用実績を確認する資料だと思って下さい。特に**目論見書は、その投資信託がどこの国の何の資産に投資するのか、値動きの要因や過去の運用実績、手数料などが書いてあるので、購入を検討する際の重要な資料**と言えます。

ただ目論見書の見方が分からないという声も多いので、本コラムでは目論見書を見るにあたり、最低限押さえておくべきポイントを解説します。

今回は本章で紹介した **eMAXIS Slim 全世界株式（オール・カントリー）の目論見書**を例として取り上げます。

目論見書は、投資信託を購入する際の窓口となる販売会社（銀行や証券会社）のホームページなどで確認できます。コンパクトにまとめられている交付目論見書と、情報量が多い請求目論見書がありますが、ひとまずは交付目論見書の見方が分かれば大丈夫です。交付目論見書には大きく分けて５つの項目があるので、順番に見ていきましょう。

❶ 表紙

まずは目論見書の表紙を見ていきましょう。表紙に記載されている、商品分類と属性区分を見れば、投資信託の大まかな内容が理解できます。

商品分類の欄は、投資対象地域（どこの地域に投資をしているか）、投資対象資産（何の資産に投資をしているか）、補足分類の3つを押さえておけば大丈夫です。投資対象地域には、国内、海外、内外の3つがあり、今回は内外とあるので、国内や海外に投資をすることを指します。また投資対象資産には、株式や債

券などがあり、ここでは株式とあるため、先ほどの投資対象地域とあわせて、国内や海外の株式に投資することが分かります。

　ちなみに株式と並ぶ主要な投資対象資産として、債券も知っておきましょう。債券とは、国や会社などが、投資家からお金を借りるために発行する証券です。国が発行する国債や、会社が発行する社債などがあり、投資家はお金を貸す代わりに一定の利息をもらい、期限が来たら元本は返ってきます。たとえば個人向けの日本国債は、日本が財政破綻しない限りは満期になれば元本は返済されますし、元本割れもせず年0.05%の最低金利を国が保証してくれています。

　このように、債券にも色々な種類がありますが、基本的には株式より比較的値動きが小さいローリスク・ローリターンの金融商品だと思って下さい。

　また補足分類の欄は、インデックス型とあれば、指数に連動した値動きにより、市場の平均点を目指すインデックスファンドであることが分かり、補足分類の記載がなければ、指数を上回る成果を目指すアクティブファンドだと考えましょう。

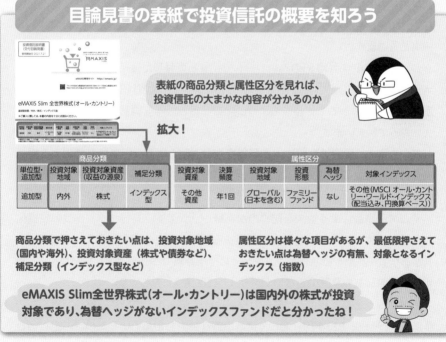

目論見書の表紙で投資信託の概要を知ろう

表紙の商品分類と属性区分を見れば、投資信託の大まかな内容が分かるのか

拡大！

商品分類				属性区分					
単位型・追加型	投資対象地域	投資対象資産（収益の源泉）	補足分類	投資対象資産	決算頻度	投資対象地域	投資形態	為替ヘッジ	対象インデックス
追加型	内外	株式	インデックス型	その他資産	年1回	グローバル（日本を含む）	ファミリーファンド	なし	その他(MSCI オール・カントリー・ワールド・インデックス（配当込み、円換算ベース）)

商品分類で押さえておきたい点は、投資対象地域（国内や海外）、投資対象資産（株式や債券など）、補足分類（インデックス型など）

属性区分は様々な項目があるが、最低限押さえておきたい点は為替ヘッジの有無、対象となるインデックス（指数）

eMAXIS Slim全世界株式（オール・カントリー）は国内外の株式が投資対象であり、為替ヘッジがないインデックスファンドだと分かったね！

※商品分類の単位型は決められた募集期間しか購入できない投資信託、追加型はいつでも購入できる投資信託のこと
※属性区分の決算頻度は投資信託の損益や資産状況の計算、分配金の支払いなどを行う頻度のこと。投資形態は複数の投資信託の資金をまとめて、マザーファンドと呼ばれる1つの投資信託に投資するファミリーファンドや、様々な投資信託を組み合わせてより分散投資を図るファンドオブファンズがある

属性区分の欄には、商品分類よりもさらに詳細な内容が記載されています。**最低限押さえておきたい点として、為替ヘッジの有無、対象となるインデックスの2つを見ておけば大丈夫**でしょう。

為替ヘッジについて簡単に説明すると、為替変動によるリスクを受けないで投資をすることです。

全世界株式や米国株式のような海外への投資は、日本円と外国通貨を交換する際の為替レートが変動する為替リスクがあり、円安もしくは円高の影響を受けることを指します。

円安と円高は混乱する人も多いですが、頭に「円の価値が」とつけると理解しやすいです。

たとえば日本円と米ドルの為替レートが1ドル＝100円だったとして、ある日、1ドル＝120円に変動したとします。そうすると1ドル両替するのに100円で済んだのが120円払わないといけなくなり、円の価値が安くなったので、円安と言います。

反対に、1ドル＝80円に為替レートが変動したとすると、今まで100円払わないと両替できなかったのに80円で済むようになり、円の価値が高くなったので、円高と言います。

ここで1ドル＝100円の為替レートで1ドル両替した後、円安によって1ドル＝120円に変動したら、再度両替して日本円に戻すと20円の利益になります。反対に円高によって1ドル＝80円に変動すると、再度両替した際は20円の損失になってしまいます。

このように、**円安は為替による利益を生む要因となり、円高は為替による損失を生む要因となる**のです。

そこで、為替による損失を防ぐのが為替ヘッジです。為替ヘッジありの投資信託なら、将来の為替レートを先に取引するため、円高の損失が抑えられるメリットがあります。ただし為替ヘッジを行うには手数料（ヘッジコスト）がかかり、また円安での利益も享受できないデメリットには注意しましょう。

為替ヘッジありとなし、どちらの投資信託を選ぶかについては投資方針にもよりますが、米ドルと日本円に関しては政治的な要素も含んでいるため、極端な円安・円高に傾いた際は修正されて一定水準の為替レートに落ち着く傾向があります。

そのため**長期の投資を前提とするなら、為替リスクはそこまで心配しすぎず、為替ヘッジなしを選ぶ**のもよろしいかと思います。

為替リスクを回避する為替ヘッジを知ろう

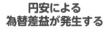
為替ヘッジなしの場合　　　　為替ヘッジありの場合

1ドル= **120**円

↑ 円安

1ドル= **100**円

↓ 円高

1ドル= **80**円

円安による
為替差益が発生する

円安による
為替差益を得られない

円高による
為替差損が発生する

円高による
為替差損を抑えられる

全世界株式や米国株式で米ドル建ての
資産を持っていると、日本円と米ドルの
為替変動により利益や損失が発生するよ！

② ファンドの目的・特色

　ファンドの目的では、投資信託をどのように運用していくかという投資方針が記載されています。ファンドの特色には、ファンドの目的を達成するための運用方法がいくつかの項目にて書かれています。

　今回はファンドの目的に「日本を含む先進国および新興国の株式市場の値動きに連動する投資成果をめざす」とあるため、日本を含む先進国と新興国の株式が投資対象であることが分かります。

　またファンドの特色に「インデックスに連動する投資成果をめざす」と書かれているため、インデックスファンドであることも分かりました。

ファンドの目的・特色で投資対象を確認しよう

日本を含む先進国と
新興国の株式が
投資対象なんだね！

ファンドの目的・特色

ファンドの目的

日本を含む先進国および新興国の株式市場の値動きに連動する投資成果をめざします。

ファンドの特色

 MSCI オール・カントリー・ワールド・インデックス（配当込み、円換算ベース）に連動する投資成果をめざして運用を行います。

● MSCI オール・カントリー・ワールド・インデックス（配当込み、円換算ベース）をベンチマーク（以下「対象インデックス」という場合があります。）とします。
● ファンドの1口当たりの純資産額の変動率を対象インデックスの変動率に一致させることを目的とした運用を行います。

※ MSCI オール・カントリー・ワールド・インデックス（配当込み）とは、MSCI Inc.が開発した株価指数で、世界の先進国・新興国の株式で構成されています。
　MSCI オール・カントリー・ワールド・インデックス（配当込み、円換算ベース）は、MSCI オール・カントリー・ワールド・インデックス（配当込み、米ドルベース）をもとに、委託会社が計算したものです。
　MSCI オール・カントリー・ワールド・インデックスに対する著作権及びその他知的財産権はすべてMSCI Inc.に帰属します。

「インデックスに連動する投資成果をめざす」と
ファンドの特色に書いてあるから、
インデックスファンドであることも分かるね

eMAXIS Slim全世界株式（オール・カントリー）のファンドの特色には、投資対象地域別の構成比率も記載されています。

現状は米国が 57.8％ と半分以上を占めていますが、**投資対象地域別の構成比率は各国の株式市場における時価総額の増減によって変わる**ので、時期と共に変化していきます。そのため、目論見書が更新された際は、構成比率を確認するようにしましょう。

投資対象地域別の構成比率も見てみよう

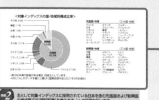

全世界株式が
投資する国の比率は
ここで分かるのか！

＜対象インデックスの国・地域別構成比率＞

その他 4.6%
韓国 1.7%
台湾 1.8%
中国 4.9%
その他 13.1%
カナダ 2.8%
フランス 2.9%
イギリス 3.8%
日本 6.5%

新興国 13.0%
先進国 87.0%
アメリカ 57.8%

先進国・地域		(23ヵ国・地域)
アメリカ	オランダ	ベルギー
日本	スウェーデン	アイルランド
イギリス	香港	ノルウェー
フランス	イタリア	イスラエル
カナダ	スペイン	ニュージーランド
ドイツ	デンマーク	オーストリア
スイス	シンガポール	ポルトガル
オーストラリア	フィンランド	

新興国・地域		(27ヵ国・地域)
中国	メキシコ	トルコ
台湾	マレーシア	ペルー
韓国	インドネシア	ハンガリー
インド	カタール	コロンビア
ブラジル	フィリピン	アルゼンチン
南アフリカ	ポーランド	ギリシャ
ロシア	チリ	チェコ
サウジアラビア	アラブ首長国連邦	エジプト
タイ	クウェート	パキスタン

・表示桁未満の数値がある場合、四捨五入しています。
・MSCI Inc.のデータを基に三菱UFJ国際投信作成（2021年3月末現在）

この構成比率は各国の株式市場における時価総額の
増減によって変わっていくけど、現状は米国が57.8%と
半分以上を占めているよ

③ 投資のリスク

　投資におけるリスクとは、リターン（利益）の幅のことであると本章で解説しましたが、ここでは、**その値動きの幅の主な要因として、どんなリスクが想定されるかが記載されている**ため、必ず目を通しておきましょう。

　価格変動リスクとは、投資信託に組み入れられた株式の価格が、企業の業績などにより変動するリスクです。

　為替変動リスクは先ほど紹介した通り、日本円と外国通貨を交換する際の為替レートが変動するリスクであり、この為替変動リスクを回避するのが為替ヘッジです。

　これらの価格変動リスクと為替変動リスクは、投資信託の日々の値動きにも大きく関わってくるため、きちんと理解しておくことが大切です。

その他のリスクについてもざっと見ておきましょう。

信用リスクは、株式や債券などを発行する企業が財政難、経営不振などの理由により倒産してしまった際、株式の価格は下落してしまい、また債券に投資した元本が返ってこないリスクです。

流動性リスクは、売買が極端に少なくなることで取引が成立せず、売りたい時に売れないリスクで、企業の不祥事などによる上場廃止などが原因としてあります。

カントリー・リスクは、投資対象国や地域において、政治・経済の状況の変化によって混乱が生じた場合、そこに投資した資産の価格が変動するリスクで、新興国への投資はカントリー・リスクが比較的高いとされています。

このように、**購入する投資信託にどのようなリスクがあるのかは、事前にチェックしておいて下さい。**

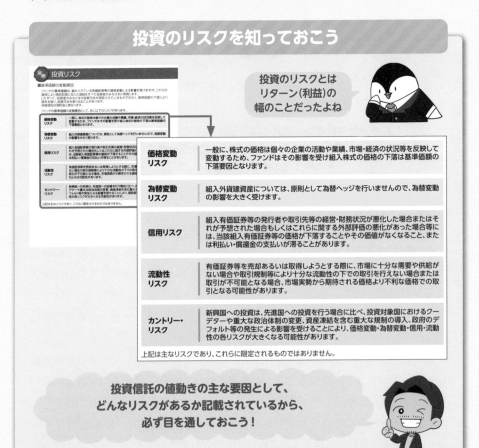

④ 運用実績

　ここでは**基準価額や純資産総額、分配金の推移など、投資信託の過去の運用実績を確認**できます。

　基準価額とは投資信託の値段で、投資信託が組み入れている株式や債券などの時価評価を基に、1日に1回算出され、日本国内の営業日に公表されます。

　つまり、**購入時より基準価額が値上がりしたところで売却すれば、その差額分が私たち投資家の利益**になります。

　一方、純資産総額とは、投資信託に集まって運用されている資産の大きさであり、その投資信託の規模とも言いかえることができます。

　純資産総額は、資金の流入や流出、株式の値動きなどで変動しますが、**投資信託の人気が下がって売却が相次ぎ、純資産総額が減りすぎると、投資信託の運用が強制的に終了する繰上償還の恐れがある**ので注意が必要です。

　過去に繰上償還した投資信託の多くが、純資産総額30億円未満だったことから、純資産総額は30億円を1つの目安にしておきましょう。

　基準価額と純資産総額には密接な関係があり、「基準価額＝純資産総額÷口数（単位）」で計算されます。

　また投資信託には、分配金と呼ばれるお金を、投資信託の決算が行われる際に支払う仕組みがあります。

　分配金のもとになるのは、株式の配当金や、株式や債券を売買したことで得た売却益などですが、注意点として分配金は無限に湧いてくるものではなく、投資信託の純資産総額から支払われます。

　「基準価額＝純資産総額÷口数（単位）」なので、分配金により純資産総額が減ると、ひいては基準価額も下がる要因となってしまいます。このように**分配金は投資信託の基準価額を下げるデメリットがある**ことは、必ず知っておきましょう。

　eMAXiS Slim 全世界株式（オール・カントリー）は過去に一度も分配金が支払われていない分、将来の基準価額の上昇が期待できます。そのため、**長期運用でじっくり増やしたいなら、分配金なしの投資信託を選ぶことをおすすめ**します。

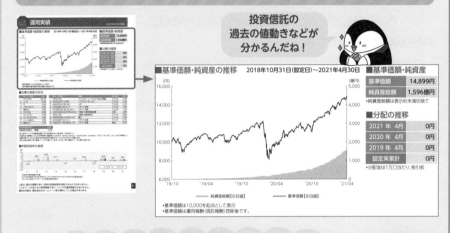

過去の運用実績を確認しよう

投資信託の
過去の値動きなどが
分かるんだね！

基準価額とは投資信託の値段だと思ってね。
純資産総額とは運用されている資産の大きさで、
「基準価額＝純資産総額÷口数（単位）」になるよ

⑤ 手続・手数料等

手続・手数料等の欄には、投資信託の購入手続き、手数料、税金などについて記載されています。

特に注目すべきは手数料で、**投資信託には購入時手数料、信託財産留保額、運用管理費用がかかってきます。**

購入時手数料は、投資信託を買う際に支払う手数料で、この購入時手数料がかからない投資信託をノーロードとも言います。

信託財産留保額は、解約時の迷惑料とも言われ、投資信託を解約する人がいると、株式などの一部を現金化して支払う必要がありますが、その際にかかる手数料を指します。

購入時手数料と信託財産留保額は、低コストで人気の投資信託はかからないことが多いので、その際は運用管理費用だけを確認するようにしましょう。

運用管理費用は、信託報酬という呼ばれ方でよく使われますが、年間の保有コストだと思って下さい。eMAXIS Slim 全世界株式（オール・カントリー）の信託

報酬は税込で年 0.1144%以内と記載されているので、仮に 1 万円投資しても年間で 11 円程度のコストしかかかりません。信託報酬が 1%以上を超える投資信託もざらにあるので、eMAXIS Slim 全世界株式（オール・カントリー）の手数料はじゅうぶんに安い事が分かります。

　ただ**目論見書には載らず、運用報告書で確認ができる隠れコストもあるので少々ややこしいのですが、ひとまずは信託報酬だけはチェックを怠らないようにしましょう。**

　このようにいっけん難しく思われがちな目論見書ですが、見方さえ分かればそこまで難しくはありません。投資信託を購入する際には、ぜひ本コラムを参考にして目論見書をきちんと読み込んでみて下さい！

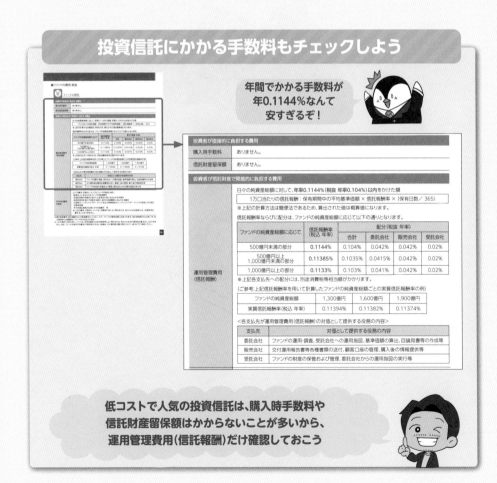

投資信託にかかる手数料もチェックしよう

年間でかかる手数料が
年0.1144%なんて
安すぎるぞ！

低コストで人気の投資信託は、購入時手数料や
信託財産留保額はかからないことが多いから、
運用管理費用（信託報酬）だけ確認しておこう

第 **4** 章

· ·

つみたてNISAで
投資を始めよう

1 ▶ NISA ってなに？

よ〜し、投資についてはだいたい分かったぞ！
さっそくインデックス投資を始めたいんだけど、投資
信託はどうやって買うのがいいのかな？

**投資信託を買うには、まず証券会社などで口座開設す
る必要があるんだけど、つみたて NISA 口座を利用
するのがおすすめだよ。**

つみたてニーサ……聞いた事あるけど、いったい何な
のかよく分かってないんだよなあ。

まずは NISA について説明すると、Nippon Individual
Savings Account のことで、少額投資非課税制度と
も言われるよ。
購入した株式の配当金や投資信託の分配金、また売却
時の利益に対して、税金がかからないお得な口座で、
金融商品を入れる箱のイメージを持っておくと分かり
やすいね。

NISA って投資信託みたいな金融商品かと思っていた
けど、口座のことなんだね。

うん。たとえば利益に税金がかかる課税口座で投資信託を買って、値上がりにより売却時に 10 万円の利益が出ていたとしよう。すると本来、利益には約 20% の税金がかかるから、2 万円が差し引かれて、手元に残るのは 8 万円になってしまうね。
しかし NISA 口座で株式や投資信託を買うと、利益に税金がかからず、10 万円がまるまる受け取れるから優先して使うのがいいんだ。

それはお得だね！ NISA 口座という箱に株式や投資信託などを入れて運用すると、利益に税金がかからないメリットがあると思えばいいのかな。

その通り！ NISA 口座は現状、一般 NISA、つみたて NISA、そして未成年者向けのジュニア NISA と大きく分けて 3 種類あるよ。

NISA 口座にもいくつか種類があるのか～知らなかったなあ。どんな違いがあるのかな？

一般 NISA とつみたて NISA は同じ年に一緒に使うことはできないから、どちらを利用するか選ぶためにも、それぞれの特徴をちゃんと押さえておこうか。

了解です。一般 NISA とつみたて NISA について教えて下さい！

まず一般 NISA については、非課税枠（1月1日から12月31日までの1年間で投資できる上限額）は120万円だよ。また非課税期間（利益に税金がかからず運用できる期間）は、金融商品を購入した年から数えて最長5年なんだ。

投資信託の他に上場株式なども購入できるし、買付方法の制限もないので、一度にまとまった金額を投資する一括投資や、毎月一定額をコツコツ買う積立投資などができるよ。

ちなみにジュニア NISA は、一般 NISA とほぼ同じ設計になっているけど、非課税枠が80万円で未成年者向けという点が異なるね。

ふむふむ、じゃあつみたて NISA にはどんな特徴があるのさ？

つみたて NISA は長期投資したい人向けの制度設計となっていて、非課税枠が40万円と小さいけど、非課税期間が最長20年と長いのが最大のメリットなんだ。

また、つみたて NISA で選べる商品は、低コストなど金融庁が定めた一定の条件を満たした190本程度の投資信託などに厳選されているので、初心者でも迷わず選びやすいのも魅力だよ。

買付方法については、つみたて NISA という名称のとおり、積立投資に限定されているね。

非課税枠40万円を12カ月で割った約33,000円が、つみたて NISA における毎月の積立額の上限としてよく使われるから覚えておくといいよ。

NISA の入門知識を知っておこう

NISA 口座は利益に税金がかからない

課税
2万円

税引き後
利益
8万円

利益
10万円

投資信託の値上がり益などには約20％の税金がかかるが、NISA口座だと非課税になる

NISA口座は箱のイメージで、運用で得た利益が10万円なら、2万円の税金がかからずに済むよ！

投資元本　→　投資元本

各 NISA 口座の違いをまとめて解説

	一般 NISA	つみたて NISA	ジュニア NISA
年間の非課税枠	120 万円	40 万円	80 万円
非課税期間	5 年	20 年	5 年
投資対象商品	上場株式・投資信託・ETF・REIT など	一定の要件を満たした投資信託など	上場株式・投資信託・ETF・REIT など
買付方法	制限なし	積立のみ	制限なし
投資可能期間	2023 年まで	2042 年まで	2023 年まで

一般NISAとつみたてNISAは同じ年に一緒には
使えないから、どちらかを選ぶ必要があるよ！
ジュニアNISAは未成年者向けだね

※一般 NISA は 2023 年で新規投資は終了となるが、代わりに新 NISA が創設されて、2024 年から 2028 年まで投資可能期間が延長される

※ジュニア NISA は 2023 年で新規投資は終了となるが、2023 年末までに投資した分については、継続管理勘定への移管（ロールオーバー）により、成人年齢（現状は 20 歳だが、2022 年 4 月以降、18 歳に引き下げ）に達するまで非課税で運用可能。またジュニア NISA は 18 歳までは払出し制限があるが、2024 年以降はジュニア NISA 口座を廃止して全額を払い出すことを条件に、18 歳未満で払い出す場合であっても課税されない

一般 NISA は一括投資も積立投資も選べるけど、つみたて NISA は積立投資しかできないのか。僕だったら一括投資と積立投資、どっちの方がいいのかな？

たとえば手元の 4 万円を、ある投資信託に一括投資したケースと、4 カ月にわたって毎月 1 万円を積立投資したケースでの購入口数（単位）を見てみよう。
投資信託の基準価額の推移が 1,000 円、1,500 円、500 円、1,000 円の場合を比較してみるよ。
一括投資は最初の買付金額が 4 万円となるので、1 カ月目に買付金額 4 万円を基準価額 1,000 円で割った 40 口分購入できたね。
一方、積立投資は買付金額が毎月 1 万円と一定だけど、基準価額が変動するので、購入できる口数が月ごとに変わるね。1 カ月目は買付金額 1 万円を基準価額 1,000 円で割った 10 口、2 カ月目は買付金額 1 万円をその月の基準価額で割った 6.7 口、3 カ月目は 20 口、4 カ月目は 10 口で、合計 46.7 口分購入できたよ。

買付金額の合計はどちらも同じ 4 万円なのに、積立投資の方がたくさん買えたんだね！　どうしてなの？

それは、積立投資の方は、**3 カ月目の暴落時に安い価格で多くの量を買えた**からなんだ。
相場が下落してしまった時でも、安い価格でたくさん買えてラッキーと思えるから、積立投資は精神的な余裕を持ちやすくて投資初心者にもおすすめだよ。
ちなみに、**同じ金額でコツコツ買っていく積立投資をドルコスト平均法**とも言うから、覚えておくといいよ。
ただ積立投資は決して万能ではなく、単純な右肩上がりの相場なら、価格が安いうちにまとめて買う一括投資の方が利益が期待できるね。

なるほど〜！　相場の値動きにビクビクしちゃいそうな僕には、積立投資が良さそうだな！

一括投資と積立投資の違いは？

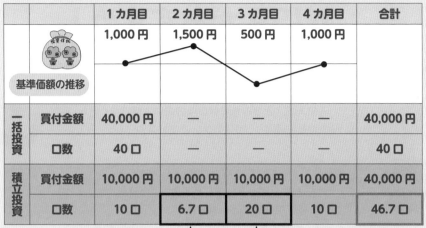

		1カ月目	2カ月目	3カ月目	4カ月目	合計
	基準価額の推移	1,000円	1,500円	500円	1,000円	
一括投資	買付金額	40,000円	―	―	―	40,000円
	口数	40口	―	―	―	40口
積立投資	買付金額	10,000円	10,000円	10,000円	10,000円	40,000円
	口数	10口	6.7口	20口	10口	46.7口

価格が高い時は少なく、価格が安い時は多く買う

買付金額の合計は同じなのに、積立投資の方が合計の口数は多くなったぞ！

積立投資は相場の下落時に安い価格で多くの量を買うことができるので、精神的な余裕を持ちやすく投資初心者にもおすすめだよ

✦ Point

● NISA は少額投資非課税制度とも言われ、投資の利益に税金がかからないお得な口座なので、優先して使うのがいい。

●一般 NISA とつみたて NISA は非課税枠や非課税期間、投資対象商品や買付方法で様々な違いがあり、自分に合ったものを選ぶのがいい。

●買付方法については、相場の下落時にも精神的な余裕を持ちやすい積立投資が初心者にはおすすめ。

2 長期投資なら、つみたてNISAがおすすめ！

一般NISAとつみたてNISAの違いは何となく分かったけど、結局どっちの方がいいのかな？

一般NISAとつみたてNISAはそれぞれ特徴が違うから、どちらがいい悪いということはなく、自分の投資に合っている方を選ぶことが大事だよ。
たとえば、**手元にお金がたくさんあるので非課税枠の大きさを重視したい人**や、**個別企業の株式などを選びたい人なら、一般NISA**が向いているね。
一方、**つみたてNISAは非課税期間が最長20年と長いから、インデックス投資などで時間をかけて運用したい人におすすめ**と言えるよ。

ふ〜む……僕は投資できる金額がそこまで多くはないだろうし、投資信託を選べばいいから、一般NISAはあんまり向いていない気がするな。
ただつみたてNISAの非課税期間っていうのがいまいちピンと来ないんだよな。それってどんなメリットがあるのさ？

非課税期間は何かと誤解しやすいから、もう少し詳しく解説するね。
たとえばつみたてNISA口座で2021年の1月1日から12月31日までに積立をした投資信託は、2040年12月31日まで非課税期間が続いていくよ。
2022年に積立をした投資信託は2041年まで非課税期間が続くから、**毎年積立を続けると、非課税期間の終了は1年ずつズレていく**と思ってね。

つみたてNISAは非課税期間の長さが魅力！

← 非課税期間 →

投資可能期間	2021	2022	2023	...	2040	2041	...	2058	2059
2021	40万円積立					2021年に積立をした分は、2040年で非課税期間終了			
2022		40万円積立							
⋮			40万円積立						
2039				40万円積立					
2040					40万円積立				
⋮									
2042	新規投資は現状、2042年まで								

NISAの非課税期間と投資可能期間は
ごっちゃになりやすいけど、横軸が非課税期間、
縦軸が投資可能期間で考えると分かりやすいよ！

必ずしも積立をした年から約20年間運用しないといけないわけではなく、**非課税期間が終了するまではどのタイミングで売却しても、利益に税金がかからないよ。**ただ、運用を長く続けることで利益が利益を生む複利が期待できるんだ。**複利は人類最大の発明**とも言われているから、長く投資するなら知っておくといいよ。

人類最大の発明……！　なんかすごそうだけど、複利っていったい何なのさ？

お金の増え方には単利と複利という、2種類の計算方法があるよ。単利は投資元本に対してのみ、利息がつくんだけど、**複利は元本と利息の合計に利息がついて、どんどん増えていくんだ。**
たとえば元本が1万円として、年5%で増える金融商品があったとしよう。単利は元本の1万円に対してのみ年5%で増えるので、利息は毎年変わらず500円だね。
一方の複利は、1年目は元本の1万円に対して500円の利息になるのは単利と同じなんだけど、2年目は元本と利息の合計10,500円に対して年5%で増えるので、利息は525円になるんだ。

複利の方が25円増えているね！ 利益がまた利益を生んだってことか！

このように時間をかければかけるほど、複利はどんどん効いて、利益は雪だるま式に大きくなっていくんだ。
仮に年間40万円、運用期間20年、運用利回り年5%としたら、5年目はまだ約27万円の利益だけど、20年目には複利効果もあって約558万円の利益に増えているよ。
つみたてNISAなら、この20年間の運用で得た利益が非課税になり、まるまる受け取ることができるんだ。

ぎょえ～！ 長く投資を続けるとこんなにも利益に差が出るんだね。しかもつみたてNISAなら20年間運用しても利益に税金がかからないのか。
長期投資による複利効果でお金を増やしていくなら、非課税期間の長さってとっても大事なんだね。

まあ実際はここまで綺麗には増えず、時には暴落してマイナスになることもあるから、上下に値動きしながら長い目で見て複利が効いていくと思えばいいよ。
長期投資でじっくりとお金を増やしたいペンタごんには、つみたてNISAが向いていると言えるだろうね！

長期投資なら複利の恩恵が期待できる！

単利

1年目		2年目	⋯	
1万円	➡	1万円	➡	1万円
↓5%		↓5%		
500円		500円		

複利

1年目		2年目	⋯	
1万円	➡	10,500円	➡	11,025円
↓5%		↓5%		
500円		525円		

単利だと利息はずっと500円だけど、
複利だと2年目には525円に増えたね！

⬇ この複利効果を
つみたてNISAで
考えると……

積立元本は800万円、
利益は約558万円に増える！

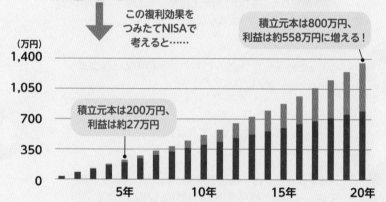

積立元本は200万円、
利益は約27万円

つみたてNISAで年40万円の積立を年利5%で行うと、
20年目には約558万円まで増えた利益に
税金がかからずまるまるもらえるよ！

Point

● つみたて NISA は積立を始めた年から、最長 20 年と長い非課税期間がある。

● 長期投資では複利効果により利益がどんどん大きくなることが期待できるため、じっくりと運用を続けるなら、非課税期間が長いつみたて NISA がおすすめ。

③ 非課税枠の注意点を知っておこう

つみたてNISAについてはだいたい分かったから、さっそく始めてみるか！
つみたてNISAの非課税枠は年間40万円で、ひと月あたり約33,000円が上限だったよね？　毎月の積立額はいくらにしようかな〜♪

ちょっと待った！　NISA口座の非課税枠には注意点もあるから、事前に知っておこうか。

えっ！？？　注意点って何なのさ？

まず非課税枠の再利用はできないよ。たとえばつみたてNISA口座で毎月3万円の積立をして、半年で18万円を購入した後、その18万円分の投資信託をすぐに売却しても、非課税枠は40万円に戻るわけではないんだ。
その年におけるつみたてNISA口座での投資は、非課税枠の40万円からすでに購入した18万円を差し引いた22万円しか利用できなくなるから気を付けてね。

そうなのか！　投資信託を選んで積立を始めた後で、やっぱり他の投資信託がいいと思って積立をした分を売却しても、すでに使った非課税枠で再度購入することはできないんだね。

このように投資信託を買い替えることをスイッチングというんだけど、NISA口座においてスイッチングを行うには、新しく購入する分の非課税枠が必要なんだ。そのため、その年の非課税枠を使い切っている場合、NISA口座内でのスイッチングはできないので注意する必要があるね。

そうなると、非課税枠は大事に使わないといけないんだな～気を付けます！

あとは、非課税枠の未使用分を翌年へ繰り越すこともできないよ。
さっきの例で半年間に18万円の積立をしたとすると、つみたてNISAの非課税枠40万円から18万円を差し引いた22万円をその年に使わなかったとしても、翌年への繰り越しは不可なんだ。

え～！ 非課税枠の残り22万円はまだ使ってないんだから、翌年の非課税枠40万円と合わせて62万円が次の年には利用できるんじゃないの？

そうはならないんだ。非課税枠というのはあくまで、その年の1月1日から12月31日のあいだに使える枠であって、翌年に繰り越すことはできないんだよ。

非課税枠にもなかなか融通が利かない点があるんだね。
非課税枠の繰り越しができないなら、今年の分の非課税枠40万円はできるだけ上限いっぱいまで利用した方がお得になるのかな？

たしかに、資金に余裕がある人なら非課税枠は上限いっぱいまで使うのがいいと思うよ。
ただ、それだと毎月約 33,000 円の積立が必要になるから、**投資にお金をかけすぎて日常生活に支障をきたさないよう、じゅうぶん気を付ける必要があるんだ。**
投資初心者の人におすすめのつみたて NISA における
投資信託や積立額については、また後ほど紹介するね。

は～い。投資はあくまで余裕資金の範囲内でやろうってことだね。

非課税枠における 2 つの注意点を知っておこう

非課税枠の再利用はできない

非課税枠の残り 22万円	売却して現金化	非課税枠の残り 22万円
利用した非課税枠 18万円		
つみたて NISA の 非課税枠 40 万円		

売却しても新たな
非課税枠は発生しない！

未使用分の繰り越しはできない

繰り越し不可！

未使用の非課税枠
22万円

未使用の非課税枠 22万円		非課税枠 40万円
利用した非課税枠 18万円		
今年の非課税枠		翌年の非課税枠

NISA口座の非課税枠はたしかにお得だけど、
融通が利かない点もあるので気をつけよう！

※投資信託の分配金を再投資した場合は、新たな投資として非課税枠を利用して購入することになる

✐ Point

● NISA 口座の非課税枠は、すでに購入した金融商品を売却した上での再利用ができないため、大事に使おう。

●非課税枠の未使用分を翌年へ繰り越すことはできず、その年の 1 月 1 日から 12 月 31 日のあいだに使う必要があるので注意しよう。

つみたて NISA はどこの 金融機関で始めるのがいい？

つみたて NISA を始めるには、金融機関での口座開設が必要なんだよね。どこで始めるのがいいんだろう？

NISA 口座はいろんな銀行や証券会社で開設できるけど、同じ年に複数の金融機関で利用することはできないんだ。

つまり、ある金融機関で NISA 口座を開設した場合、その年はもう他の金融機関で NISA 口座は開設できないから、慎重に選んだ方がいいよ。

僕のおすすめは、楽天証券や SBI 証券などのネット証券だね。第 1 章で紹介したネット銀行の証券版だと思えばいいかな。

なんでネット証券で開設した方がおすすめなのさ？

それは金融機関によって、つみたて NISA 口座における取り扱いの商品数が異なるからなんだ。

つみたて NISA の対象商品は、低コストなど一定の要件を満たした投資信託 190 本程度に厳選されているんだけど、ネット証券ならほとんどの商品がラインナップされているよ。

けれど**大手銀行などでは、つみたて NISA の取り扱い商品がたった数種類しか用意されていないんだ。**たとえば低コストで人気の eMAXIS Slim シリーズは、対面販売の銀行や証券会社などではつみたて NISA の商品ラインナップに入っていないことが多いね。

う〜ん、でもコストが安いのってそんなに大事なのかな？　ちょっとくらいの手数料の差なら、別にいいかなとも思うんだけど。

試しに、年間の保有コストである信託報酬の違いで、どれくらいリターンに差が出るか見てみようか。

これは信託報酬が年0.1%の投資信託と年1.0%の投資信託にて、投資元本100万円、運用期間30年、信託報酬控除前の運用利回りを年5%とした時の比較だよ。

最終的なリターンは956,751円もの差が出ているので、ほんの少しのコストの違いでも、長期の運用成績に与える影響は大きいことが分かるね。

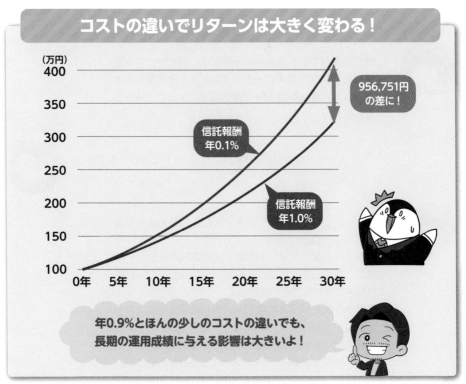

コストの違いでリターンは大きく変わる！

（万円）

956,751円
の差に！

信託報酬
年0.1%

信託報酬
年1.0%

年0.9%とほんの少しのコストの違いでも、
長期の運用成績に与える影響は大きいよ！

※投資元本100万円、運用期間30年、信託報酬控除前の運用利回りを年5%と仮定し、信託報酬が年0.1%の投資信託と年1.0%の投資信託のリターンの違いを比較（税金・手数料等は考慮せず）

うっひゃ～！　たった年 0.9% のコストの違いでも、長期の運用だとこんなにリターンに差が出るんだね……手数料も侮れないなあ。

つみたて NISA は非課税期間の長さを活かした長期投資が前提となってくるから、少しでも低コストな投資信託を選べるネット証券を使うのがベターと言えるね。
特にインデックスファンドは同じ指数に連動するものだと、値動き自体に大きな差はないから、少しでも手数料が安い商品を選ぶことが重要だよ。

了解です！　ネット証券だと楽天証券と SBI 証券がいいって言ってたけど、その中でもどっちがおすすめなの？

僕が愛用しているのは楽天証券だよ。何といっても**投資信託の積立を楽天カードでクレジット決済することができて、積立額の 1% が楽天ポイントとしてもらえるんだ。**

え～！　投資信託の積立がクレジットカードでもできるの？

そうさ、このサービスを利用するために楽天証券を選ぶ人は多いね。
楽天カードクレジット決済での投資信託の積立サービスは、課税口座だけでなく一般 NISA 口座やつみたてNISA 口座でも利用が可能だよ。
仮につみたてNISAで月 33,000 円の積立を楽天カードクレジット決済で行ったなら、毎月 330 ポイントの楽天ポイントがもらえるんだ。資産運用の延長でポイントが貯まっていくから、とってもありがたいよね。

毎月 330 ポイント……それはすごいや！
つみたて NISA で投資するだけでポイントがもらえる
なんて最高じゃないか！

SBI 証券も 2021 年 6 月 30 日から、三井住友カード
が発行するクレジットカードで投資信託を積立すると
0.5 〜 2％分の V ポイント（SMBC グループ共通の
ポイント）がもらえるね。
還元率はカードの種類によって異なるけど、**年会費が
かからない通常のカードだと、0.5% の還元なので、
楽天証券の方がお得**と言えるかな。

ふむふむ、ポイント還元では楽天証券がお得なのか。

また連携する金融機関でも、楽天銀行はマネーブリッ
ジにより普通預金金利が年 0.1％になるけど、住信
SBI ネット銀行は SBI 証券と連携した SBI ハイブリッ
ド預金で年 0.01％と差が出るよ。
**このように連携する銀行の金利で考えても、楽天証券
がおすすめ**だね。

亮平さんの一言メモ

楽天証券や SBI 証券のサービスは今後、変更の可能性もあるため、新
しい情報はブログ「BANK ACADEMY」の「【資産形成 1 年生】最新情
報アップデートページ」にて都度更新しています。ぜひチェックしてね！

おすすめは楽天証券と SBI 証券！

楽天証券		SBI 証券

楽天証券	ポイントの主な還元	SBI 証券
楽天カードクレジット決済で投資信託を積立すると、積立額の 1% の楽天ポイント付与	**ポイントの主な還元**	三井住友カードで投資信託をクレジットカード決済すると、積立額の0.5 ～ 2% のVポイント付与
楽天銀行との連携（マネーブリッジ）を行えば、自動入出金（スイープ）が可能	連携する金融機関の振替サービス	住信 SBI ネット銀行における SBI 証券と連携した SBI ハイブリッド預金で自動振替可
マネーブリッジにより、楽天銀行の普通預金金利は年 0.02% →年 0.1% に UP	連携する金融機関の金利	住信 SBI ネット銀行の SBI ハイブリッド預金の金利は年 0.01%

両者の主な特徴を比較すると、ポイント還元や連携する銀行の金利で楽天証券がおすすめだね！

※楽天証券の楽天カードクレジット決済、SBI 証券の三井住友カード決済ともに積立額は月 5 万円が上限で、特定口座、一般口座、一般 NISA、つみたて NISA で利用可能
※ SBI 証券の三井住友カード決済の還元率は通常 0.5% だが、ゴールドカードで 1%、プラチナカードでは 2% へ上がる（2021 年 12 月までの積立分はさらに＋ 1% のキャンペーンあり）

それなら僕も楽天証券で始めようかな！　ちなみに、どこかの金融機関でつみたて NISA の口座開設をしたら、もう他の金融機関に変更することはできないのかな？

つみたて NISA は金融機関の変更も可能だよ。普段利用している銀行などで NISA 口座を勧められて開設済みの人は意外と多いし、つみたて NISA を利用する上で他に魅力的な金融機関が出てきた時も考えて、変更方法について話しておくね。

ぜひお願いします！

たとえば A 銀行でつみたて NISA をすでに利用していたら、A 銀行でつみたて NISA 口座の変更手続きをした上で、新しく利用する B 証券で開設手続きをすれば大丈夫だよ。
ただ、最初に言ったように NISA 口座は同じ年に複数の金融機関で利用することはできないから、年単位で切り替えすることになると思ってね。

へ〜手続きはそれだけでいいんだ！ 思ったより簡単そうだね。

もし変更する年に、まだ A 銀行のつみたて NISA 口座で商品を購入していなければ、9 月 30 日までに変更の手続きを行えば年内に切り替えができるよ。
ただし変更する年につみたて NISA 口座で商品をすでに購入していた場合、もしくは 9 月 30 日を過ぎて手続きした場合は、翌年からの切り替えになるね。

ふむふむ。金融機関を変更したとして、A 銀行のつみたて NISA 口座ですでに購入していた商品はどうなるのさ？

仮にA銀行のつみたてNISA口座ですでに購入した商品がある場合、それはB証券のつみたてNISA口座には移せないので、そのままA銀行のつみたてNISA口座で引き続き運用するか、売却するかになるよ。

つみたてNISAは積立をした年から数えて最長20年は非課税で運用できるから、金融機関を切り替えたとしても、変更前の金融機関におけるつみたてNISA口座の非課税期間はそのまま続くんだ。なので、すでに積立した商品はすぐに売る必要はなく運用を続けても大丈夫だよ。

ただし新規の投資は、変更後の金融機関でのみ可能だから気を付けてね。

へ〜、金融機関を変更しても、すでに積立をしていた商品はそのまま運用できるんだね。

ちなみに、同じ金融機関で一般NISAからつみたてNISA、もしくはつみたてNISAから一般NISAに変更する際も同じように年単位での切り替えとなるよ。こちらもすでに保有している商品は、そのまま非課税で運用できるから覚えておいてね。

NISA制度は金融機関の変更も、同じ金融機関での一般NISAからつみたてNISAへの変更なども、年単位での切り替えになるんだね。覚えておきます！

楽天証券でのつみたてNISAの始め方は、この章のコラムにて画像付きで解説しているから参考にしてね！

つみたて NISA における金融機関変更の注意点！

すでに購入した商品の移管は不可

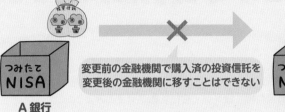

つみたて NISA	変更前の金融機関で購入済の投資信託を変更後の金融機関に移すことはできない	つみたて NISA
A 銀行		B 証券

すでに購入した商品はそのまま運用できる

	2021	2022	2023	...	2040	2041
2021	A銀行で積立					

2021年にA銀行で積立をした分は、2040年まで非課税で運用できる

金融機関を変更！

| 2022 | | B証券で積立 | | | | |

2022年はB証券で積立、2041年で非課税期間終了

NISA制度は金融機関の変更も、同じ金融機関での
一般NISAからつみたてNISAへの変更なども
年単位での切り替えになるから覚えておこう！

Point

- つみたて NISA 口座は、金融機関によって商品数が異なるので、豊富なラインナップがあるネット証券がおすすめ。

- ネット証券の中でも楽天証券と SBI 証券が人気だが、ポイント還元や連携する銀行の金利を考慮し、楽天証券がおすすめ。

- NISA 口座は金融機関の変更も年単位で可能で、変更前の金融機関で保有していた商品もそのまま非課税で運用できる。

5 まずは月 3,000 円で OK！ この 3 銘柄に投資しよう

つみたて NISA についてだいぶ理解が深まったと思う
から、**毎月の積立額をいくらにするか考えてみよう。**

積立額か〜いくらがいいんだろう？
先取り貯蓄で月 2 万円は貯金できるようになったから、
それを全額つみたて NISA に回すのはどうかな！？

ペンタごん、まだ貯金があまり貯まっていなかったよ
ね？　第 2 章で話した通り、まずは生活防衛資金を貯
めることが最優先だから、投資に全額回すのは良くな
いね。

ガーン！　そうだった……でもせっかく学んだつみた
て NISA も始めたいんだよ〜！

それなら、生活防衛資金を貯めながらつみたて NISA
も並行してやってみるといいよ。
たとえば月 2 万円の先取り貯蓄ができているなら、貯
金と投資それぞれに 1 万円ずつ分けるのもアリだね。
ただペンタごんは貯金額がまだ少ないから、割合とし
ては貯金を多めにして、投資に回すのは少額にしてお
こうか。
**ひとまず月 3,000 円程度から、つみたて NISA を始
めてみるのがいいと思うよ。**

月 3,000 円かぁ……なんかショボいな。たくさん投資した方が、その分利益も増えるんでしょ？

たしかに投資額を増やすと、それだけ利益も期待できるけど、逆に言うと損失も大きくなってしまう可能性があるんだ。
仮に 100 万円投資したとして、暴落が来て 30% のマイナスになった際は 30 万円の損失になるけど、1,000 円の投資なら 300 円の損失で済むからね。
投資額を少なくすれば、それだけ金額面での損失を抑えることができて精神的にも余裕を持ちやすいので、投資初心者は少額投資から始めるのがおすすめだよ。

なるほど〜！　投資額を増やすと大きくプラスになるかもしれないけど、反対に大きくマイナスになる恐れもあるから、最初は小さく始めてみるのが大事なんだね。
そうしたら、月 3,000 円でどの投資信託に投資してみるのがいいのかな？

基本的には第 3 章でのリスクとリターンの考え方をもとに、商品を選ぶようにしよう。
全世界株式や米国株式などの投資信託ならハイリスク・ハイリターンで値動きは大きくなるし、債券が多い投資信託ならローリスク・ローリターンで値動きは小さくなる傾向があるね。
ここで大事なのは**どれだけ儲けられるかより、どれくらいの損失まで自分が我慢できるかを考えること**なんだ。
これをリスク許容度と言うけど、**投資が続かないよくあるケースは、リスク許容度を超える損失を抱えてしまった時なんだ。○%あるいは○万円のマイナスまでなら我慢できるといった具合で、自分のリスク許容度がどれくらいなのかを把握しておくのが重要だよ。**

リスク許容度ねぇ……たしかに大事だとは思うんだけど、自分がどれくらいの損失まで我慢できるかなんて、実際に投資を始めてみないと分からないんだよなあ。

そういう人は、まずリスクが高い商品から低い商品まで少額投資してみて、値動きを比べながら運用することで、自分のリスク許容度のイメージトレーニングをするのがいいよ。
運用を続けているとそれぞれの運用成績に差が出てくるから、高リスクの商品は低リスクの商品と比べてどんな値動きになるかを肌で感じて、投資に慣れることもできるしね。

お～それはいいアイデアだね！　でもリスクが高い商品から低い商品って、具体的にどれがいいのかな？

僕はこれら3銘柄に月1,000円ずつ積立をしているけど、値動きに違いが出て分かりやすいと思うよ。
高リスク商品は、eMAXIS Slim 全世界株式（オール・カントリー）が人気だね。もしくは米国株のみで運用したいなら、eMAXIS Slim 米国株式（S&P500）を選ぶといいよ。
中リスク商品は、eMAXIS Slim バランス（8資産均等型）という株式や債券、REIT（不動産投資信託）などでバランス良く構成されている投資信託がよく選ばれているね。ただ2020年のコロナショックの際、8資産均等型はREITの回復が鈍かったことで全世界株式以上に損失が大きくなった時もあったから注意しよう。
低リスク商品は、三井住友・DC年金バランス30（債券重点型）がおすすめかな。つみたてNISAでは債券のみで運用する投資信託を選ぶことはできないんだけど、この銘柄は債券が多めの構成になっているので、比較的値動きが安定しているね。

まずは比較運用でリスクの違いを知るべしだね！
ちなみに、リスクの違いが分かってきたら、その後は
どうすればいいのかな？

ペンタごんもこの3銘柄で6カ月くらい運用してみて、
それぞれのリスクの違いがだいたい分かったら、自分
のリスク許容度を改めて考えた上で商品や積立額をア
レンジしてみるといいよ。
たとえば長期運用を前提として、もっとリスクを取っ
てみたいと思ったら、eMAXIS Slim 全世界株式（オー
ル・カントリー）の積立額を増やすのもアリだね。

よ〜し、まずは亮平さんと同じ3銘柄で僕もつみたて
NISA を始めてみるぞ！

僕がこの3銘柄で2020年の初めから6カ月間運用
した実績も載せておくから、参考にしてね！

つみたて NISA のおすすめ 3 銘柄を紹介！

	ファンド名	ファンド内の資産配分	信託報酬 (税込)
高 ↑ リスク ↓ 低	eMAXIS Slim 全世界株式 （オール・カントリー）	日本を含めた先進国 ・新興国株式で 100% 構成	年 0.1144%
	eMAXIS Slim バランス （8 資産均等型）	国内株式・先進国株式・新興国株式 ・国内債券・先進国債券・新興国債券 ・国内 REIT・先進国 REIT に各 12.5%	年 0.154%
	三井住友・DC 年金 バランス 30（債券重点型）	国内株式 20%・外国株式 10% ・国内債券 55%・外国債券 10% ・短期金融資産 5%	年 0.242%

8資産均等型が全世界株式以上の
マイナスになる時もあるんだね！

3 銘柄の 6 カ月間の運用実績

	1 カ月目	2 カ月目	3 カ月目	4 カ月目	5 カ月目	6 カ月目
全世界株式	+4.16%	−16.11%	−8.57%	−3.00%	+7.93%	+7.95%
8 資産均等型	+2.13%	−9.18%	−8.10%	−3.97%	+4.12%	+3.11%
債券重点型	+1.06%	−4.01%	−2.13%	−0.57%	+2.35%	+1.60%

2020年1月から各3銘柄に月1,000円ずつ積立をして、
1カ月ごとの損益をまとめたよ。2カ月目にコロナショックで
大きく下落したので、それぞれの値動きの違いが分かりやすいね

※ 2020 年 1 ～ 6 月までの運用実績をもとに算出
※運用実績については毎月 1 日に、各銘柄に月 1,000 円ずつ積立注文を行った際の損益率を掲載

Point

● 少額投資であれば下落時も金額面での損失を抑えることが
できて精神的にも余裕を持ちやすいので、投資初心者は月
3,000 円程度から始めるのがおすすめ。

● どれくらいの損失まで自分が我慢できるかのリスク許容度が
まだ分からないうちは、リスクが高い商品から低い商品まで
を持ち、値動きを比べながら運用してみよう。

フォロワーさんに聞いてみた！

● つみたて NISA で何の銘柄を選んでいる？

つみたて NISA で選べる投資信託は厳選されているとは言え、色々な銘柄
があり迷ってしまうでしょう。そこで、フォロワーさんの中で人気が高かっ
た銘柄を紹介しますので参考にどうぞ！

⇒ 多くのフォロワーさんが選んでいた銘柄！

❶ eMAXIS Slim 全世界株式（オール・カントリー）：どこの国が成
長しても、安心して運用を続けられる。

❷ eMAXIS Slim 全世界株式（除く日本）：人口減少が続くと予想さ
れる日本への投資は避けた方が良いと思った。

❸ eMAXIS Slim 米国株式（S&P500）：米国の成長なくして世界経
済の成長は見込めないから、米国株一択！

❹ eMAXIS Slim バランス（8 資産均等型）：色々考えるのが面倒な
ので、株式以外にも分散投資しておきたい。

❺ ひふみ投信：最近はインデックスファンドが人気だが、アクティブ
ファンドの高いパフォーマンスにも期待したい！

やっぱり eMAXIS Slim シリーズの人気ぶりがよく分
かるね！

つみたて NISA の
売り時はいつ？

さ〜て、つみたて NISA について色々分かったことだし、もう始めてもいいかな！？　何か他に知っておくべきことってある？

つみたて NISA の売却のルールやタイミングについても話しておくね。だいぶ先の話にはなるんだけど、利益に関わる大事な話だからちゃんと知っておこう。

たしかにそれは知っておきたいな。ぜひ教えて下さい！

つみたて NISA は積立をした年から約 20 年の非課税期間が終了するまでは、どのタイミングで売却しても、利益に税金がかからないんだったよね。
ただつみたて NISA に限らずすべての NISA 口座は、必ずしも非課税期間が終わるまでに売却する必要はなく、非課税期間の終了時に保有していた商品は自動で課税口座に移るんだ。

え〜？　税金がかかる口座に移ったら、NISA 口座の意味がないんじゃないの？

そんなことはないよ。たとえば、非課税期間の終了時点で値上がりしているケースを見てみようか。
ある年につみたて NISA 口座で投資信託を 40 万円積立したとして、20 年後に 100 万円に増えたとしよう。
そうすると、運用していた投資信託は非課税期間の終了時点でつみたて NISA 口座から課税口座に移るけど、その際の価格（時価）が新しい取得価格になるんだよ。
つまり課税口座に移る際に **40 万円で購入した投資信託は 100 万円で購入したものとなるので、非課税期間で増えた 60 万円には税金がかからない**ってことさ。

つみたて NISA 口座から課税口座に移ったとしても、つみたて NISA 口座の中で値上がりした分については税金はかからない仕組みになっているんだね。
でも、課税口座に移った後に増えた利益については、やっぱり税金はかかるのかな？

そうだね。新しい取得価格が 100 万円だとして、課税口座に移った後に 120 万円まで値上がりしたところで売却したら、**120 万円から 100 万円を差し引いた 20 万円には課税されてしまう**よ。

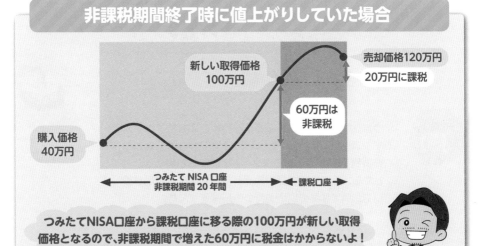

非課税期間終了時に値上がりしていた場合

新しい取得価格
100万円

売却価格120万円

20万円に課税

60万円は
非課税

購入価格
40万円

つみたて NISA 口座
非課税期間 20 年間

課税口座

つみたてNISA口座から課税口座に移る際の100万円が新しい取得価格となるので、非課税期間で増えた60万円に税金はかからないよ！

じゃあもし、非課税期間が終わる時に値下がりしていたらどうなるのさ？

仮に積立をした40万円が、非課税期間終了時に30万円まで下がっていたとすると、やはりその際の価格が、新しい取得価格になるよ。
その後、当初の購入価格の40万円まで回復したところで売却したら、新しい取得価格の30万円との差額である10万円には税金がかかってしまうんだ。
このケースだと課税口座で運用していれば払わなくていいはずの税金が発生してしまうから、NISA口座におけるデメリットとも言えるね。

え〜！ それならつみたてNISAを始めて20年後に暴落が起こったら、いったいどうすればいいのさ？

20年間じっくりと運用していれば、株価の成長や複利効果によって、暴落が起きてもおそらくはプラスになっていると思うけど、つみたてNISAの非課税期間の終了はいっぺんに来ないことを知っておけば慌てなくて済むよ。
たとえば2021年に積立をした投資信託は2040年で非課税期間が終了するし、2022年に積立をした投資信託は2041年で非課税期間が終了するんだったよね。

うん。たしかにそうだったね。

つまり毎年積立を続けると、非課税期間の終了は1年ずつズレていくから、もし2021年に積立をした分の非課税期間が終了する2040年に暴落が起こったとしても、その後に非課税期間が終了する分は運用を続けておいて相場の回復を待つのが得策なんだ。

非課税期間の終了は毎年順番に来るから、もし 20 年後に暴落が起こっても慌てずに相場の回復を待てばいいってことだね。
でも、暴落がずっと続くなんてこともあったりするのかな……？

第 3 章で見た米国株式のチャートをさかのぼってみると、過去に何度も暴落が起こったけど、その度に回復して最高値を更新し続けてきたんだ。
100 年に一度と言われる 2008 年のリーマンショックにおいても、全世界株式や米国株式は約 5 年ほどで暴落前の水準まで戻ったしね。
歴史を振り返ると、いつの時代も暴落はどこかで終わりを迎えてきたから、つみたて NISA においても慌てずに運用を続けておくのが大事だよ。

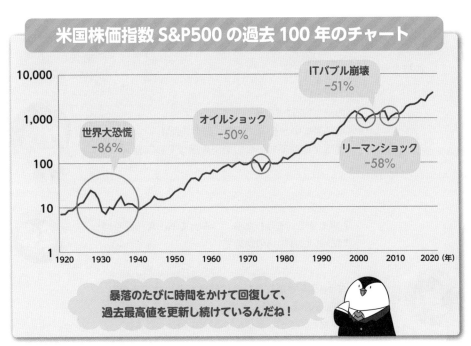

（出所）Yahoo! ファイナンスほか各種データベースより筆者作成。S&P500 指数における過去の主要な暴落時における最大下落率を掲載。対象期間は 1920 〜 2020 年

非課税期間終了時に値下がりしていた場合

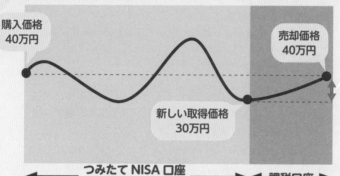

購入価格
40万円

売却価格
40万円

10万円に
課税

価格が戻った
だけでも課税
されるんだね

新しい取得価格
30万円

◄── つみたて NISA 口座
非課税期間 20 年間 ──► ◄─ 課税口座 ─►

つみたて NISA を始めて 20 年後に暴落したら？

	2021	2022	2023	...	2040	2041	2042	...
2021					🌱			
2022								
2023 ...							🌳	

2040年の非課税期間
終了時に株価が暴落！

2041年の非課税期間
終了時に相場はやや回復

2042年には
相場はさらに回復

つみたてNISAの非課税期間の終了は
いっぺんに来ないから慌てなくて大丈夫だよ！
20年後に暴落が起きても相場の回復を待っておこう

了解です！　そうしたら、つみたて NISA の売り時っ
て結局いつがいいのかな？

つみたて NISA で積立をした投資信託をいつ売るか
という出口戦略は、自分の年齢に合わせて考えるのが
大事だね。たとえばペンタごんは、今24 歳だったよね。

うん、ピチピチの24歳だよ。

それだと非課税期間終了は、約20年後の43歳から始まるから、すぐにお金を使う予定がなければ課税口座に移った後もそのまま運用を続けるといいよ。その上で、**子どもの大学費用など家族のライフイベントで必要になった分だけ都度売却するか、老後が近づいたら少しずつ売却して生活費に充てるのがおすすめだね。**
ちなみに**30代から40代でつみたてNISAを始めた人なら、非課税期間が終わる頃には60歳が近いので、課税口座に移った分から順番に売却していき、老後資金に充てていくといいかな。**

なるほど～！　つみたてNISAの売り時がだいぶイメージできてスッキリしたなあ。
とりあえず僕みたいな20代の人は、非課税期間が終了し始める40代の頃はまだバリバリ働いているだろうし、すぐにお金が必要なければ課税口座に移った後もそのまま運用しておけばいいってことだね。

まあ20年後にどうなっているかなんて誰にも分からないから、非課税期間の終了が近づいてきたら、出口戦略については再度考えてみるといいよ。
とにかく忘れないで欲しいのは、**つみたてNISAは将来の自分に向けたタイムカプセル**だと思って、じっくりと育てていくことなんだ！　利益がちょっと出たからといって、すぐ売ってしまわないように気を付けてね。

将来の自分に向けたタイムカプセル……いい言葉だね！　気長にじっくり育てていくぞ～！

つみたて NISA の出口戦略を考えてみよう！

24 歳のペンタごんのケース

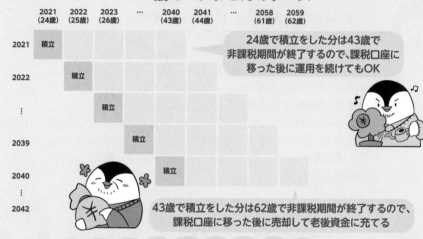

	2021 (24歳)	2022 (25歳)	2023 (26歳)	…	2040 (43歳)	2041 (44歳)	…	2058 (61歳)	2059 (62歳)
2021	積立								
2022		積立							
…			積立						
2039				積立					
2040					積立				
…									
2042									

24歳で積立をした分は43歳で非課税期間が終了するので、課税口座に移った後に運用を続けてもOK

43歳で積立をした分は62歳で非課税期間が終了するので、課税口座に移った後に売却して老後資金に充てる

30代から40代でつみたてNISAを始めた人なら非課税期間が終わる頃には60歳が近いはずなので、課税口座に移った分から順番に売却していき、老後資金に充てていくのがおすすめだよ！

※つみたて NISA は非課税期間終了時に、ロールオーバー（翌年の非課税枠への移管）が不可のため、課税口座に移して運用を続けるか売却するかの選択肢になる

※つみたて NISA 口座を含め NISA 口座は、他の口座と損益通算できないので注意

Point

● NISA 口座は非課税期間が終わるまでに売却する必要はなく、非課税期間の終了時に保有していた商品は自動で課税口座に移る。その際の価格（時価）が新しい取得価格となるため、非課税期間で増えた利益に税金はかからない。

● つみたて NISA の出口戦略は、年齢に合わせて考える。20代で始めた場合、非課税期間が終了してもすぐにお金が必要なければ、課税口座に移った後も運用を続けていこう。

● 30 代から 40 代でつみたて NISA を始めた人なら、非課税期間が終わる頃には 60 歳が近いので、課税口座に移った分から順番に売却し、老後資金に充てるのがおすすめ。

この章のチェックリスト

☐ **楽天証券でつみたて NISA 口座を開設する**

※第1章ですでに開設している場合は不要

☐ **楽天カードを申し込む**

※給与口座を指定できる人は、楽天銀行を引き落とし先へ指定。給与口座を指定できない人は、会社指定の銀行を引き落とし先へ指定

☐ **楽天証券のつみたて NISA 口座で、楽天カードクレジット決済による積立投資を開始する**

つみたてNISAの 始め方を完全ガイド！

つみたて NISA を始めてみたいと思った方に向けて、楽天証券の口座開設から投資信託の購入まで、実際の画像付きで紹介します。

口座開設の申込自体は5分もあれば終わるので、思ったより簡単に手続きを済ませることができますよ。

楽天証券の口座はパソコンもしくはスマホから開設できますが、スマホからだと最短翌営業日には口座が開設できるので、今回はスマホからの手続きを解説します。それでは、一緒にやってみましょう！

❶ 楽天証券のつみたてNISA口座開設

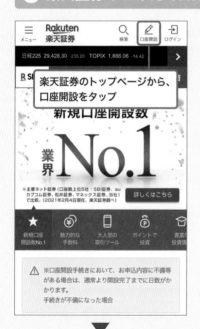

最初に楽天証券のトップページから、「口座開設」をタップします。

「楽天会員ではない方」、「楽天会員の方」と表示されるので、楽天会員のユーザ ID がない方は「楽天会員ではない方」をタップしましょう。

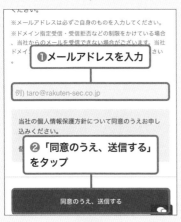

　メールアドレスを入力して、送信ボタンをタップします。

　楽天証券から届いたメールのリンクをタップして、口座開設の申込手続きに進みましょう。

　本人確認書類について、運転免許証もしくは個人番号カード（マイナンバーカード）を選択しましょう。

　運転免許証を選んだ場合でも、個人番号カードは後ほど登録する必要があるので、最初から個人番号カードでの登録を行うことをおすすめします。

※通知カードは不可
※上記以外に使える書類（各種保険証、住民票の写し、印鑑登録証明書、住民基本台帳カード、パスポート、在留カード、特別永住証明書など）

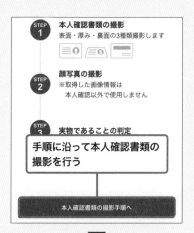

本人確認書類の撮影、顔写真の撮影などの本人確認を行います。

名前、性別、生年月日、住所などのお客様情報の入力を行います。

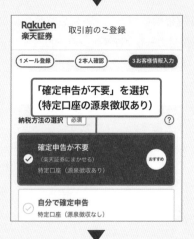

税金がかかる課税口座については、「確定申告が不要」を選択して、特定口座（源泉徴収あり）の開設をおすすめします。

課税口座には大きく分けて特定口座と一般口座があり、特定口座は損益や税金の計算を証券会社が代行してくれますが、一般口座では自分で行う必要があるため手間がかかります。

特定口座を開設する場合、源泉徴収ありと源泉徴収なしを選ぶことになります。特

定口座（源泉徴収あり）を選んだ場合には確定申告は原則不要で、証券会社が納税まで行ってくれます。

特定口座（源泉徴収なし）だと確定申告が原則必要となりますが、年間20万円以下の利益の場合、確定申告が不要となるケースもあります。ただ確定申告が不要となっても住民税の申告は必要となるため、申告の手間を考えると特定口座（源泉徴収あり）を選ぶのがいいでしょう。

なお、つみたてNISA口座のみを利用するのであれば、最長20年間の非課税期間が終了して保有商品が課税口座に移るまで、課税口座は基本的には利用しません。

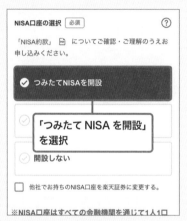

NISA口座の選択は、「つみたてNISAを開設」を選びます。

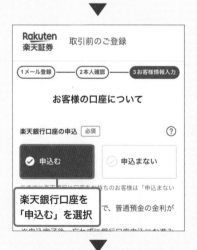

楽天銀行口座の申込も一緒にできるので、希望する方は「申込む」を選択しましょう。

iDeCo（イデコ）や楽天FX口座、信用取引口座の申込は、つみたてNISAの口座開設に関しては不要で問題ないので、今回は「申込まない」を選択しましょう。

iDeCoについては次のコラムで解説していますが、申込自体はいつでも行えます。

楽天証券にログインする際のパスワードを設定するので、忘れずに保管しておきましょう。

最後に入力内容を確認し、重要書類への同意を行って口座開設申込は完了です。

最短翌営業日にメールで楽天証券のIDが送られてくるので、しばらく待ちましょう。

楽天銀行の口座開設を選択した場合は、続けて楽天銀行の開設申込に進みます。

楽天銀行のキャッシュカードは2種類あり、デビット機能（カードの支払いと同時に銀行口座から引き落としされる決済方法）付キャッシュカードである楽天銀行デビット

カード、もしくはクレジット機能付キャッシュカードである楽天銀行カードを選択することになります。

　楽天銀行デビットカードを選んだ場合、クレジットカードである楽天カードを希望する際は別途申込む必要があります。

　楽天銀行カードを選んだ場合、楽天カードの別途申込は不要となりますが、対象店舗の買い物の際に提示してポイントが貯まる楽天ポイントカード機能、電子マネーである楽天 Edy 機能、家族カード機能が付帯できないなどの注意点もあるので気を付けましょう。

　楽天証券から口座開設完了とログイン ID のお知らせがメールで届いたら、リンクをタップして、WEB サイトへログインして初期設定を行います。

　楽天証券総合口座ログインにて、ログイン ID とパスワードを入力します。

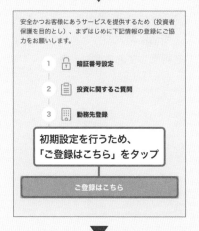

　取引を始めるにあたっての初期設定を行うため、「ご登録はこちら」をタップしましょう。

　暗証番号（4 ケタ）も設定するので、忘れずに管理しておきましょう。

　初期設定後、「NISA・つみたて NISA 口座でお取引いただけます」というメールが届けば、つみたて NISA 口座での取引が可能となります。

　ただし、まだつみたて NISA 口座におけ

る税務署の審査は完了していないので、念のため1週間から2週間程度待つようにしましょう。

審査の結果、つみたてNISA口座の申請が不可となった場合は、つみたてNISA口座で保有した商品はすべて一般口座へ変更となります。

税務署の審査が完了した際は「NISA・つみたてNISA口座の開設手続きが完了しました」というメールが届き、つみたてNISA口座開設手続きは完了となります。

楽天証券、楽天銀行、楽天カードをまとめて申込したいという方に向けて、おすすめの手順を以下に整理しておきます。

楽天銀行と楽天証券の連携であるマネーブリッジと、楽天銀行のお客さま優遇プログラムであるハッピープログラムも一緒に行っておきましょう。

(1)楽天証券の口座開設にて、楽天銀行を同時に申し込む

(2)楽天証券と楽天銀行の口座開設後、マネーブリッジを設定

(3)楽天銀行のハッピープログラムにエントリー

(4)楽天カードを申込して、引落先を楽天銀行に指定（楽天銀行の口座開設時に、楽天銀行カードを申込した場合は不要）

❷ つみたてNISA口座での投資信託の購入方法

楽天証券にログイン後、トップページの「投資信託を探す」をタップします。

楽天カードクレジット決済にて積立注文を行うので、事前に楽天カードもしくは楽天銀行カードを用意しておきましょう。

今回はeMAXIS Slim 全世界株式(オール・カントリー)を例に進めていきます。

検索欄に「emaxisslim 全世界株式」と入力しましょう。

検索結果にてファンドが表示されたので、「eMAXIS Slim 全世界株式(オール・カントリー)」をタップします。

「eMAXIS Slim 全世界株式(オール・カントリー)」の銘柄詳細ページの右下にある「つみたて NISA　積立注文」ボタンをタップします。

引落方法は、「楽天カードクレジット決済」を選択しましょう。

積立額の1%の楽天ポイントが付与されるのでおすすめです。

楽天カードをまだ登録できていない方は、楽天カード登録画面が表示されますので、カード情報を入力し、「同意して登録する」をタップします。

（すでに登録済みの方は、このステップは不要です）

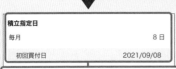

楽天カードクレジット決済では、積立指定日は毎月1日、もしくは8日となります。

（2021年6月20日以降に楽天カードクレジット決済で初めて積立をした方の場合、積立指定日は毎月8日に変更となりました）

ポイント利用に関しては、「楽天ポイントコース」で1ポイントを設定し、ポイントと現金合わせて500円分以上の投資信託を購入すると楽天証券のSPU（スーパーポイントアッププログラム）が達成できます。

SPUは第5章で解説しますが、楽天市場の買い物におけるポイント倍率が上がるプログラムです。

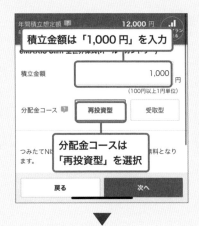

楽天証券では投資信託の積立は、月100円以上1円単位で設定でき、積立自体を途中で止めることもできます。

今回は積立金額を「1,000円」と入力します。

分配金コースの選択について、分配金とは投資信託の決算が行われる際に運用成果として支払われるお金です。

「再投資型」であれば分配金を投資信託の追加購入に回し、「受取型」であれば分配金を現金で受け取ります。

ただeMAXIS Slim 全世界株式（オール・カントリー）は過去に一度も分配金が支払われていないので、「再投資型」「受取型」どちらを選んでも変わりません。

年の途中からつみたてNISAを始めて、非課税枠を満額利用したい場合は増額設定を行いましょう。

今回は増額設定は「しない」を選択します。

投資信託の説明書となる目論見書や補完書面を確認します。

最後に、注文内容を確認しましょう。

　積立設定カレンダーにて、初回の買付日（注文日）を確認できます。

　楽天カードクレジット決済はその月の12日までに注文を行えば、翌月1日、もしくは8日が初回買付日となります。

　12日を過ぎて注文すると、翌々月の1日、もしくは8日が初回買付日となります。

　今回は2021年7月13日に初めて積立注文を行ったため、初回買付日は2021年9月8日となりました。

これで設定は完了です。毎月買付日に自動で投資信託の積立注文が行われます。

他の投資信託も併せて積立する際は、同様の手続きを行っていきましょう。

ちなみに投資信託には注文日の他に約定日、受渡日があるため、それぞれを簡単に解説します。

●**注文日**：**投資信託の売買注文が行われる日**。楽天カードクレジット決済では毎月 1 日、もしくは 8 日で、休日の場合は翌営業日となる。

●**約定日**：**注文に応じて売買が成立する日**で、この日の基準価額で取引がされる。投資対象が国内の場合は基本的に注文日と約定日が同じ日となり、投資対象が国外の場合は注文日の翌営業日以降が約定日となる。

●**受渡日**：**売買代金を決済して投資信託の受け渡しが成立し、保有商品に反映される日**。投資信託にもよるが、約定日から約 3 ～ 4 営業日後が受渡日となる。

このように注文を行ってから実際に購入が行われるまでに日数を要することを知っておきましょう。

つみたて NISA の始め方は以上となります。思ったより簡単に手続きは済みますので、さっそく試してみて下さい！

iDeCoの入門知識を知っておこう

「つみたて NISA と併せて iDeCo が気になるんだけど、どんな違いがあるんだろう？」

「iDeCo って本当にお得なの？　メリットも併せて知っておきたい！」

そんな方に向けて、iDeCo の入門知識を解説していきます。

今の日本は少子高齢化が深刻な問題となっており、将来私たちがもらえる公的年金の支給額が減る可能性があります。こうした**公的年金の減少を補う制度として、自分でお金を出して、老後に向けた年金を用意する iDeCo に注目が集まっています。** iDeCo は NISA よりも**節税メリットが期待できる反面、60 歳まで引き出せず、受け取り時に税金がかかるなどの注意点もある**ので、始める前にちゃんと理解しておく必要があります。

豊かな老後生活を送るための資産形成の方法の1つとして、iDeCo についても最低限の知識を身につけておきましょう。

❶ iDeCoってなに？

そもそも iDeCo とは個人型確定拠出年金の愛称ですが、**個人型確定拠出年金は、「個人型」と「確定拠出」と「年金」の3つの言葉に分けると理解しやすい**です。

まず「個人型」とは、国や企業に頼るのではなく「自分」で用意するものだと思って下さい。

次に「確定拠出」とは、掛金の額は決まっているけど、運用成績によって将来受け取る額が変わるという意味です。反対に将来もらえる額が決まっているのは、確定給付と言います。

最後に「年金」とは、60 歳以降に受け取れる年金制度になります。ただ年金とは言いつつも、iDeCo も申込時に専用の口座を開設するので、つみたて NISA

と同じように箱のイメージを持っておきましょう。

　つまり **iDeCo とは、「個人が掛金を出して、自ら金融商品を選んで運用を行い、老後資金を作る年金の箱」** なんです。

　年金制度は大きく分けると 3 階建てになっています。

　1階は国民年金や厚生年金といった国が用意する公的年金です。

　2階は会社が用意する企業年金で、企業型確定拠出年金（企業型DC）や確定給付企業年金（企業型DB）などがあります。

　そして **3 階が自分で用意する個人年金で、個人型確定拠出年金である iDeCo もここに含まれます。** iDeCo は 20 歳以上 60 歳未満であれば原則誰でも加入ができて、60 歳以降に一時金として一括で受け取るか、年金として分割で受け取るかを選択できます。

個人型確定拠出年金（iDeCo）とは？

3 つの言葉に分けると分かりやすい

個人型	確定拠出	年金
国や企業ではなく 自分で用意する	掛金は決まっているが、 受取額は運用成績で変わる	60 歳以降に 受け取れる年金制度

年金制度は 3 階建てになっている

個人型確定拠出年金（iDeCo）、 国民年金基金、個人年金保険など	個人年金	3 階
企業型確定拠出年金（企業型DC）、 確定給付企業年金（企業型DB）など	企業年金	2 階
国民年金、厚生年金	公的年金 （国の年金）	1 階

年金制度は3階建てになっていると思ってね。1階は国からの年金、2階は企業からの年金、そして3階が個人年金でiDeCoも含まれているよ

iDeCoの掛金は、月5,000円以上1,000円単位で設定できますが、公的年金の被保険者種別やお勤め先の企業年金制度の加入状況により上限額が決まります。

たとえば第 1 号被保険者と呼ばれる自営業者の方は月 6.8 万円、第 2 号被保険者と呼ばれる会社員などの方は会社に企業年金がない場合だと月 2.3 万円、第 3 号被保険者と呼ばれる専業主婦（夫）の方は月 2.3 万円が上限です。掛金額の増減も可能で、掛金自体を止めることもできます。

また iDeCo に加入する場合、iDeCo を取り扱う金融機関（運営管理機関）を選ぶ必要があります。金融機関選びは特に重要で、ここでもつみたて NISA と同じように**ネット証券がおすすめですが、理由は手数料の違い**があります。

iDeCo に関する手数料はいくつか種類がありますが、掛金を出して運用する際には、支払先に応じて以下の 3 つの手数料が毎月かかります。

(1) 国民年金基金連合会：月 105 円

(2) 信託銀行：月 66 円（最低額として）

(3) 運営管理機関：月 0 ～ 300 円程度（金融機関による）

iDeCo の実施機関である国民年金基金連合会と、iDeCo の資産を管理する信託銀行への手数料は、どの金融機関でも基本変わりません。

ただ金融機関へ支払う運営管理手数料は、大手銀行などでは月 300 円程度かかるところもあります。仮に月 300 円の運営管理手数料を 30 年支払ったとすると、108,000 円もの費用になりますが、楽天証券や SBI 証券などのネット証券であれば、この運営管理手数料はかからないので、コストを大幅に抑えることができます。

最後に、**iDeCo の運用商品は、大きく分けると元本確保型商品と投資信託の2 つに分類されます。**元本確保型商品とはその名の通り、元本が確保されている運用商品のことで、定期預金や保険商品などがあります。

投資信託についてはインデックスファンドやアクティブファンドなど、金融機関ごとにラインナップが異なります。**つみたて NISA と同じように長期運用が前提となるため、やはり米国株式や全世界株式のインデックスファンドが人気**なので、検討してみるといいでしょう。

楽天証券では米国株式なら楽天・全米株式インデックス・ファンド、全世界株式なら楽天・全世界株式インデックス・ファンドが用意されています。SBI証券では低コストで人気のeMAXIS Slimシリーズがあり、米国株式ならeMAXIS Slim米国株式（S&P500）、全世界株式ならeMAXIS Slim全世界株式（除く日本）が用意されています。

iDeCoに関しては楽天証券かSBI証券のどちらを選択しても、ポイント還元に差はないので、自分が普段からメインで利用している方を選ぶのがいいと思います。

iDeCo の掛金の上限と手数料について

第1号被保険者	自営業者	月6.8万円
第2号被保険者	会社に企業年金がない会社員	月2.3万円
	企業型DCに加入している会社員	月2.0万円
	企業型DBと企業型DCに加入している会社員	月1.2万円
	企業型DBにのみ加入している会社員	
	公務員など	
第3号被保険者	専業主婦（夫）	月2.3万円

運営管理機関への手数料は金融機関で異なるんだね

iDeCo でかかる主な手数料と支払先

加入時（1回のみ）	運用時（毎月）	給付時（受取の都度）
国民年金基金連合会 2,829円	国民年金基金連合会 月105円	信託銀行 440円
	信託銀行 月66円	
	運営管理機関 月0〜300円程度	

楽天証券やSBI証券なら、運用時に運営管理機関へ毎月払う手数料が0円なのでおすすめだよ！

※DC：確定拠出年金、DB：確定給付企業年金、厚生年金基金
※加入時手数料は、運営管理機関によっては別途必要な場合もある
※他の運営管理機関、または企業型確定拠出年金に移換する際には別途費用がかかる

❷ iDeCoのメリット

iDeCo には 2 つの税制メリットがあります。

(1)運用で得た利益が非課税になる

(2)掛金が全額、所得控除になる

まず運用で得た利益の約 20% は税金として納めなくてはいけませんが、iDeCo は NISA 制度と同様で非課税となります。ただし、つみたて NISA の非課税期間は積立を始めた年から最長 20 年と決まっていますが、iDeCo の非課税期間には制限がありません。

仮に **30 歳から iDeCo 口座で投資信託を購入して 60 歳まで保有した際、30 年間は非課税で運用できるため、早く始めるほど非課税期間が長く**なります。

さらに iDeCo は掛金が全額、所得控除になる大きなメリットがあります。

控除とは一定の金額を差し引くことで、所得控除は個人の所得税や住民税を計算する際、その人の所得から一定額を差し引き、税金の負担を軽くすることを指します。少し細かいのですが、所得控除には基礎控除や配偶者控除、医療費控除など様々な種類があり、iDeCo の掛金は小規模企業共済等掛金控除に該当します。

たとえば会社員が iDeCo を始めた場合、給与収入に対して所得税と住民税がどのように計算され、所得控除によっていくら節税になるかを見ていきましょう。

まずは給与収入から、会社員の必要経費とも言われる給与所得控除が引かれて、給与所得が算出されます。次に給与所得から、iDeCo の小規模企業共済等掛金控除を含む様々な所得控除が引かれて、課税所得が算出されます。最後に課税所得に所得税率と住民税率がそれぞれ掛けられて、所得税と住民税が導き出されます。ちなみに、所得税の税率は課税所得に応じて 5 〜 45% まで段階的に決まり、住民税の税率は原則、一律 10% となります。

このあたりは少し複雑な計算になりますが、ようするに **iDeCo の掛金で所得控除が増えれば課税所得は減って、所得税と住民税の負担を減らせるという認識でOK** です。仮に **毎月の掛金が 10,000 円の場合、年間の掛金 120,000 円に所得税 10%、住民税 10% をそれぞれ掛けると、合計で年間 24,000 円もの節税**になります。

所得税の税率は課税所得により決まるので、課税所得が多い人ほど iDeCo に

おける節税効果は大きくなります。一方、パートで働く主婦の方などは課税所得が比較的少ないため、節税効果が小さくなってしまう点は注意しましょう。

iDeCoの掛金を所得控除の対象にするには確定申告の手続きが必要ですが、会社員で口座振替により掛金を納めている場合は、年末調整で対応できるので確定申告は不要です。

iDeCo の所得控除による節税効果を知ろう

会社員の所得税計算の手順

給与収入（会社からの給料）	

給与所得	給与所得控除

課税所得	所得控除

×所得税率

所得税額	

iDeCo掛金での所得控除
（小規模企業共済等掛金控除）

所得控除により税金が減った！

僕なら月10,000円の掛金だと、年間24,000円の節税になるんだね！

年間の節税額の目安

課税所得	税率		毎月の掛金による年間の節税額		
	所得税	住民税	10,000 円	15,000 円	20,000 円
195 万円以下	5%	10%	18,000 円	27,000 円	36,000 円
195 万円超 330 万円以下	10%		24,000 円	36,000 円	48,000 円
330 万円超 695 万円以下	20%		36,000 円	54,000 円	72,000 円
695 万円超 900 万円以下	23%		39,600 円	59,400 円	79,200 円

※所得税率に関して、課税所得 900 万円超 1,800 万円以下は 33%、1,800 万円超 4,000 万円以下は 40%、4,000 万円超は 45%。復興特別所得税は考慮せず
※積立金の全額に年 1.173%が課税される特別法人税は課税凍結中

❸ iDeCoを利用する際の注意点

ただしiDeCoは決してメリットばかりではなく、注意点も以下の2つがあります。

(1)原則、60歳まで引き出せない（資金ロック）

(2)運用後の受け取り方法で税金が変わる

まずiDeCoは年金制度のため、原則60歳になるまで年金資産（掛金と運用益）を引き出すことはできません。これを資金ロックと言いますが、仮にiDeCoを始めた後に子どもが生まれて、教育資金や住宅購入資金などでお金が必要になったとしても、iDeCoで運用しているお金を途中解約することはできません。

このように**iDeCoはライフステージの変化による支出に対応できない点はじゅうぶん気を付ける必要があり、将来の資産設計をきちんと行った上で始めることが大切**です。

そのため、**60歳までの大きな支出に備えることも視野に入れるなら、いつでも引き出せるつみたてNISAを利用するのがいい**でしょう。

またiDeCoは受け取る方法で、税金が変わるので注意が必要です。

iDeCoは運用益が非課税で掛金も所得控除になりますが、60歳以降に年金資産を受け取る際、税金がかかる仕組みとなっています。しかも、運用益だけでなく、掛金を合わせた年金資産全体が課税対象となります。この受け取り時の課税はやや複雑で、受け取り方によって税金の計算方法が異なります。

iDeCoは一時金として一括で受け取るか、年金として分割で受け取るか、もしくは金融機関によっては一時金と年金の併用で受け取るかを選択できます。

一時金として受け取る場合は退職所得となり、退職所得控除によって税金負担は軽減されます。もしくは年金として受け取る場合は雑所得となり、公的年金等控除によって税金負担は軽減されます。**特に一時金で受け取る場合の退職所得控除は、かなり手厚い優遇となるのでおすすめ**です。

退職所得は、「退職所得＝（退職収入−退職所得控除額）×1/2」で計算されますが、退職所得控除額は勤続年数によって計算されます。勤続年数が20年以下の場合、退職所得控除額は「40万円×勤続年数」となり、勤続年数が20年超の場合は「800万円＋70万円×（勤続年数−20年）」にて算出されます。

iDeCoにおける勤続年数とは、掛金を出して積立した期間だと思えばOKなので、たとえばiDeCoで30年間積立をしたら、1,500万円が退職所得控除となります。つまり受け取り時に、手元に入るiDeCoの掛金と運用益の合計の1,500万円までは税金がかからず、人によってはまるまる非課税で受け取ることができます。また退職所得控除を超える分についても、課税されるのは1/2、つまり半分だけとなります。

このようにiDeCoの出口戦略としては、退職所得と同じ扱いになる一時金で受け取る選択肢を考えておくといいでしょう。

ただし退職所得には会社から支給される退職金なども含まれ、iDeCoの一時金と会社の退職金の受け取り時期が重なってしまうと、退職所得控除をそれぞれに適用できず合算されてしまいます。この対策としては、会社からの退職金とiDeCoの一時金の受け取り時期を、一定期間空けるのがいいでしょう。

会社からの退職金を受け取る場合、前年以前の4年以内に受け取った退職金は合算して考えますが、それよりも前の退職金は考慮しません。たとえば**iDeCoの一時金を60歳、会社からの退職金を65歳で受け取るなど5年以上空けた際は、それぞれの受け取りにおいて退職所得控除をフル活用できて大変お得**になります。

またiDeCoの一時金を受け取る場合は、前年以前の14年以内に受け取った退職金は合算して考えますが、それよりも前の退職金は考慮しません。

そのため、会社の退職金とiDeCoの一時金、どちらを先に受け取るかも含めて、自分にとって最適な受け取り方を考えていきましょう。

iDeCo の 2 つの注意点を知っておこう

原則、60 歳まで引き出せない

子供が生まれて
出費が増えたから
iDeCoを解約したい！

60歳まで
引き出せません！！

運用後の受け取り方で税金が変わる

一時金受け取りは、iDeCo のお金を一括で受け取る方法で退職所得扱い	受取方法と所得の種類	年金受け取りは、iDeCo のお金を複数回に分けて受け取る方法で、雑所得扱い
退職所得控除 勤続年数 20 年以下：40 万円×勤続年数 勤続年数 20 年超：800 万円＋ 70 万円 ×（勤続年数− 20 年）	所得控除	**公的年金等控除** 65 歳未満：最低控除額は 60 万円 65 歳以上：最低控除額は 110 万円 ※年金以外の所得によって異なる

運用後の受け取り方は、税制優遇の大きい退職所得と同じ
扱いになる一時金で受け取る選択肢をまず考えておくといいよ！

※ 60 歳時点で通算加入者等期間が 10 年に満たない場合、受け取りを開始できる年齢が遅くなるので注意
※ iDeCo 加入者が一定以上の障害状態になった場合や死亡した場合は、60 歳前でも障害給付金や死亡一時金を受給できる

④ iDeCoとつみたてNISAはどちらを選ぶべき？

　iDeCo とつみたて NISA の比較をまとめた上で、どちらを選ぶべきかをお話しします。iDeCo は掛金が全額所得控除になるという、つみたて NISA にはない税制メリットがありますが、受け取り時に課税され、口座管理などの手数料もかかるためやや複雑な制度となっています。

　また、iDeCo は 60 歳まで引き出せない資金ロックがありますが、つみたてNISA はいつでも引き出しが可能です。

　以上を踏まえて、**所得税や住民税の負担を少しでも軽減したい人、お金をすぐ引き出せると使ってしまわないか不安なので、強制的に老後資金を用意してい**

きたい人は **iDeCo を検討するといい**でしょう。

　一方、特に 20 代から 30 代の方などで、老後資金以外にも教育資金や住宅購入資金などを目的とした資産形成に利用したい人であれば、つみたて NISA が向いていると言えます。

　どちらを利用するか迷ったら、まずは比較的シンプルで分かりやすく、引き出しの制限がないつみたて NISA から始めるのがいいかと思いますが、ご自身の年齢や資産形成の目的などに合わせて使い分けてみて下さい！

iDeCo とつみたて NISA の主な特徴を比較！

制度自体はつみたてNISAの方が
シンプルで分かりやすそうだね

	iDeCo	つみたて NISA
対象年齢	20 歳以上 60 歳未満	20 歳以上
年間投資額の上限 （非課税枠）	14.4 〜 81.6 万円 （加入区分により異なる）	40 万円
非課税期間	制限なし	最長 20 年間
投資可能商品	金融機関が選択した 定期預金や投資信託など	金融庁の基準を 満たした投資信託など
拠出時の税優遇	掛金は全額所得控除 （所得税・住民税の軽減）	なし
受け取り時の課税	あり（退職所得控除など優遇あり）	なし
途中引き出し	60 歳まで不可	いつでも可
口座管理などの手数料	あり	なし

iDeCoの税制メリットは魅力的だけど、
60歳まで引き出せない資金ロックが悩ましいね。
迷ったら、まずはつみたてNISAから始めよう

※ 2022 年 5 月以降、iDeCo の対象年齢は 65 歳未満に拡大（国民年金の被保険者である必要あり）
※投資信託を買い替えるスイッチングは、iDeCo は自由にできるが、NISA では新しく購入する分の非課税枠が必要

第 **5** 章

楽天経済圏で
楽天ポイントを
貯めまくろう

1 ▶ 楽天経済圏ってなに？

楽天ポイントの話が今までちらほら出てたけど、そもそも楽天ポイントっていったい何なのさ？

楽天ポイントは、楽天が運営するポイントプログラムだよ。
ネットや街の買い物などでポイントを貯めたり使ったりして、毎日の暮らしをお得にするポイ活が話題だけど、その中でも楽天ポイントは人気が高いんだ。
僕も楽天ヘビーユーザーだけど、**1 カ月で数千〜 1 万ポイントくらい貯まることもあるから**資産形成にも役立っているね。
貯まったポイントは 1 ポイント 1 円として、楽天グループのサービスなどで利用することができるよ。

え〜そりゃすごいや！　でもポイ活ってなんだか面倒そうなんだよな……ポイントを貯めるために色んなサイトをチェックしたり、特に欲しくない商品の買い物とかしないといけないんでしょ。

たしかにポイ活は、ポイント目的で余計な労力やコストがかかってしまって、本末転倒になってしまうケースも多いね。
ただ**楽天ポイントは普段の生活の延長で自然とポイントを貯められる**から、ペンタごんみたいなズボラな人にこそおすすめなんだ。

ふ〜む、じゃあ楽天ポイントの貯め方を教えてもらってもいい?

楽天ポイントを貯めるには、多彩な楽天グループのサービスをまず知っておこう。
これが本当に豊富で、**楽天カードや楽天銀行、楽天証券、楽天ペイ、楽天モバイル、楽天でんき、楽天ガス、楽天トラベル、楽天市場、楽天ふるさと納税、楽天ひかり、楽天の保険、楽天ブックス、Rakuten TV、楽天ビューティなど……**まだまだあるね。

たしかに、楽天のサービスって色々聞くもんな〜。

各サービスごとに様々な条件で楽天ポイントがもらえる仕組みになっているから、色んな楽天サービスを利用しているだけで、楽天ポイントがどんどん貯まっていくんだ。
楽天ポイントは、楽天グループ共通のID（楽天会員）に紐づけされるから、まとめて管理することができるよ。

なるほど、とりあえず色んな楽天サービスを使うべしってことだね。
でも、いっぱいありすぎてどれを利用すればいいのか迷っちゃうから、まずはこれだけ押さえておこうってサービスを教えてもらっていい?

日常生活で使える主要な楽天サービスと、どんな条件でポイントがもらえるかをまとめておくね。
ただ全部のサービスを利用しようとすると大変だから、**自分が普段の生活で無理なく使える範囲から試していくのがいいよ。**

お〜助かります。ありがとう！
まずは普段の生活で使えそうなサービスから試せばいいんだね。

ちなみに、**豊富にある楽天サービスを普段の生活で利用することで楽天ポイントを貯めて、その貯めたポイントで日常の支払いを済ませていくことを楽天経済圏と呼ぶから覚えておこう。**
楽天経済圏で効率的にポイントを貯めて、買い物などでの支払いにポイントを充てるようになれば、節約に繋がって資産形成の後押しにもなるよ。

楽天経済圏……なんだかお得そう！　僕もさっそく始めてみるぞ〜！

楽天経済圏でおすすめのサービス一覧！

サービス名	サービス内容	ポイント獲得概要
楽天カード	年会費永年無料の クレジットカード	カード利用額の 1% 還元 （100 円につき 1 ポイント）
楽天銀行	実店舗を持たないネット銀行	ハッピープログラムで 取引ごとにポイント還元
楽天証券	実店舗を持たないネット証券	楽天カードクレジット決済による 投資信託の積立で 1% 還元など
楽天ペイ	コンビニなどで使える スマホ決済アプリ	コード・QR 払いで 最大 1.5% 還元
楽天 モバイル	段階制新料金プランが話題の 携帯キャリアサービス	利用額に対して 1% 還元
楽天でんき 楽天ガス	個人や家庭向けに提供している 電気・都市ガスサービス	楽天でんきのみだと 0.5% 還元、 楽天ガスを併用すると 1% 還元
楽天 トラベル	宿泊予約などができる オンライン総合旅行サイト	利用額に対して基本 1%還元
楽天市場	日本最大級の通販サイト	基本 1% 還元で、楽天サービスの 利用やキャンペーンで還元率 UP
楽天 ふるさと納税	楽天市場のふるさと納税サイト （ふるさと納税は第 6 章で解説）	楽天市場と同様、楽天サービスの 利用やキャンペーンで還元率 UP

Point

● 楽天ポイントは普段の生活の延長で自然とポイントを貯められるから、ポイ活の中でも人気が高い。

● 楽天サービスはかなり豊富にあるので、自分が普段の生活で無理なく使える範囲から試し、楽天経済圏に参加していこう。

2 まずは楽天カードの 申込をしよう

楽天経済圏には色んなサービスがあることは分かったけど、最初は何から始めていけばいいのさ？

まずは楽天カードを申し込んでみようか。楽天経済圏に参加するためのパスポートとも言えるほど、楽天ポイントを貯めるには必須なんだ。

楽天カード……楽天カードマンの CM がすごい印象的だけど、どんなメリットがあるのかな？

楽天カードは年会費が永年無料な上に、利用額に対する還元率が 1％で、100 円につき 1 ポイントがもらえるんだ。
たとえば楽天カードを 1 カ月で 3 万円使用したら、1％の 300 ポイントが還元されると思えばいいよ。
一般的なクレジットカードは 0.5％程度の還元率が多いから、楽天カードの還元率は比較的高いと言えるね。
街中のショッピングなど日常生活の支払いを楽天カードで済ませるだけで、自然と楽天ポイントが貯まっていくよ。

それはお得だね！　でも今まで貯金のトレーニングでクレジットカードを使わないようにしていたから、使いすぎるのが怖いんだよなぁ……。
そういう人は、どんな時に楽天カードを使っていけばいいのさ？

たしかにポイント目当てで楽天カードを使いすぎると、余計な買い物にも繋がるから注意が必要だね。
そんな人は、**固定費の支払いに楽天カードを利用することから始めるといいよ。**
たとえばスマホやポケット Wi-Fi などの通信費、車のガソリン代、保険料、電気・ガス・水道などの公共料金を楽天カードで支払えば、無駄遣いすることなく毎月自動でポイントが貯まるからおすすめなんだ。
ただし、公共料金や税金などの支払いは 500 円につき 1 ポイントで 0.2% の還元なので、口座振替の割引もしくは他のクレジットカードの方がお得になる場合もあるから気を付けてね。

なるほど〜！　固定費の支払いなら、クレジットカードを使いすぎる心配はないもんね。

また楽天カードは、楽天市場の支払い時は＋2％、楽天トラベルの支払い時は＋1％ など、楽天グループの関連サービスの支払いに利用する際は還元率が上がるんだ。
さらに、次の項で紹介するけど、楽天証券では投資信託の積立が 1% 還元となる楽天カードクレジット決済もあるね。
そのため**楽天経済圏で効率的にポイントを貯めていくなら、楽天サービスの支払いも楽天カードに集中しておこう。**

ふむふむ。色んな楽天サービスを利用して楽天経済圏を使い倒していくなら、たしかに楽天カードは必須と言えるね。

それと楽天カードには、対象店舗の買い物の際に提示してポイントが貯まる楽天ポイントカード機能と電子マネーである楽天 Edy 機能も付帯しているよ。
楽天ポイントカード機能は、コンビニや飲食店、ガソリンスタンドなどで、0.5 ～ 1% 程度のポイント還元があるから、対象店舗では忘れずに提示しよう。

コンビニはよく使うから、ポイントカードを提示するチャンスだね。

楽天 Edy 機能は、専用端末にタッチするだけで支払いができるプリペイド型の電子マネーで、様々な飲食店やコンビニなどで使えるよ。200 円につき 1 ポイントの楽天ポイントが貯まり、還元率は 0.5% だね。
楽天 Edy の利用にはチャージ（入金）が必要で、楽天カードからチャージすると、200 円につき 1 ポイントが貯まるので、還元率は合計で 1%になるんだ。
ただ、コンビニなどで使えるスマホ決済アプリの楽天ペイは現状、最大 1.5% 還元なので、楽天 Edy と楽天ペイが両方使えるコンビニなどでは楽天ペイを優先するのがいいね。

ほえ～。楽天カードは単なるクレジットカードじゃなくて、いろんな機能もあるんだね！

楽天ポイントカードとして楽天カードを提示後、支払いを楽天カードや楽天 Edy で済ませれば、楽天ポイントを二重取りできてお得だよ。
たとえば楽天ポイントカードで 1% の還元がある飲食店なら、楽天カードでの決済による 1% 還元と合わせると、合計で 2% の還元になるね。

お～それはすごい！　ポイントの二重取りはとっても美味しいね！

あとは、生計を同一にする配偶者、親、子ども（18歳以上）がいる人は、家族カードの利用も検討しよう。家族カードは、楽天カードに付帯して利用できるクレジットカードで、年会費は無料だよ。

へ〜、家族カードも無料なんだね。

しかも、家族カードの利用分も楽天カードと同様にポイントが貯まり、楽天カード契約者のユーザIDに集約してポイントが付与されるから、管理もしやすいね。このように楽天カードを使えば生活の様々なシーンで楽天ポイントが貯まっていくけど、**ひとまずペンタごんは固定費の支払いを楽天カードで済ませることと、楽天ポイントカード対象店舗で楽天カードをポイントカードとして提示することから始めていけばOK**だよ。

了解です！　まずは楽天カードを使いこなしていくぞ〜！

楽天カードを使い倒してポイントを貯めよう！

楽天カードのおすすめ活用方法

利用額に対して
1％の還元あり！

固定費の支払い
（公共料金や税金などの
支払いは 0.2％還元）

楽天サービスの支払い
（楽天市場や楽天トラベルは
＋1～2％の上乗せあり）

楽天ポイントカード機能や楽天 Edy 機能も付帯

楽天のポイントカード
あります！

楽天ポイントカード機能
（対象店舗により、0.5～1％程度の還元あり）

シャリーン♪

楽天 Edy 機能
（楽天カードのチャージと合わせて 1％ 還元）

楽天ポイントカードとして楽天カードを提示後、
支払いを楽天カードや楽天Edyで済ませれば、
楽天ポイントを二重取りできてお得だよ！

📎 Point

● 楽天カードは利用額に対する還元率が 1％ と比較的高いため、固定費の支払いなどを楽天カードで済ませることで、効率的に楽天ポイントを貯めよう。（楽天サービスにおける楽天カード払いは上乗せの還元もあり）

● 楽天カードにはポイントカード機能や楽天 Edy 機能も付帯しているので、対象店舗で楽天ポイントを貯めていこう。

楽天カードは大きく分けて4種類あり！

楽天カードと一口に言っても色々な種類があるので、ここでは主に利用されている4種類のカードを紹介します。それぞれの特徴を知った上で、自分に合ったものを選ぶようにしましょう！

楽天カード

年会費無料のオーソドックスなクレジットカード。楽天ポイントカード機能や楽天Edy機能、家族カードも付帯でき、デザインも自由に選べる。

楽天銀行カード

年会費無料で、楽天銀行のキャッシュカード機能と一体型になったクレジットカード。楽天銀行を利用したい人には便利だが、楽天ポイントカード機能や楽天Edy機能、家族カードが付帯できない点は注意。

楽天ゴールドカード

年会費2,200円で、楽天カードをランクアップさせたクレジットカード。誕生日が属する月に楽天市場などの買い物で+1%還元や、国内空港ラウンジ年2回無料などの特典あり。

楽天プレミアムカード

年会費11,000円で、楽天カードをさらにランクアップさせたクレジットカード。楽天市場の買い物が+2%追加される。さらに誕生日が属する月に楽天市場などの買い物で+1%還元や、毎週火・木曜日に楽天市場の買い物で+1%還元、国内・海外空港ラウンジ無料などの特典あり。

> 年会費無料がいいなら、楽天カードもしくは楽天銀行カードのどちらかを選べば良さそうだね！

※楽天カード、楽天銀行カードと似た名前の楽天銀行デビットカードは、楽天銀行のデビット機能付キャッシュカードで、クレジット機能はないので注意。楽天カードもしくは楽天銀行カードと、楽天銀行デビットカードの2枚持ちは可能

3 ▶ 楽天銀行と楽天証券も 併せて利用しよう

楽天カードの次は、楽天銀行と楽天証券の活用方法も
知っておこうか。
楽天銀行は第 1 章で、楽天証券は第 4 章でそれぞれ
紹介したけど、楽天カードを併せたこれら 3 つのサー
ビスを一緒に使うことで、さらに楽天ポイントが貯ま
りやすくなるんだよ。

そんな相乗効果があるのか！　それぞれのサービスを
一緒に使うと、いったいどんなメリットがあるんだい？

まずは楽天銀行と楽天カードの併用から話していくね。
**楽天カードの引き落とし先を楽天銀行にすることで、
楽天銀行のお客さま優遇プログラムであるハッピープ
ログラムにより、会員ランクに応じて最大 9 ポイント
が毎月もらえるよ。**
加えて次に紹介する、**楽天市場における SPU（スー
パーポイントアッププログラム）が達成されて、楽天
市場の買い物におけるポイント倍率が +1 倍（+1%）**
になるんだ。
そのため、楽天銀行をメイン口座として利用するなら、
楽天カードの引き落とし先を楽天銀行にしておくのが
おすすめだね。

なるほど〜。それだけでもらえるポイントが増えるな
ら、楽ちんでいいね！

次に楽天証券と楽天カードの併用について話すよ。楽天証券における楽天カードクレジット決済では、つみたてNISAなどで投資信託の積立をした際に、積立額の1%がポイント還元されるんだ。

よく聞かれるけど、楽天カードの引き落とし先が楽天銀行以外の金融機関でも問題なく1%は還元されるよ。

楽天カードクレジット決済は月5万円まで可能なので、たとえばつみたてNISA口座で月3.3万円の積立、特定口座で月1.7万円の積立をすると、毎月500ポイントがもらえるね。

ただ積立額はポイント目的で増やそうとはせず、あくまで日常生活に支障をきたさない範囲で考えるようにしよう。

これは本当にすごいや！ 資産運用の延長でポイントが貯まっていくなんて最高だね！

最後に、楽天銀行と楽天証券の併用にも2つのメリットがあるよ。

まず楽天銀行と楽天証券を連携（マネーブリッジ）するだけで、楽天銀行の金利が年0.02%から年0.1%に上がるんだ。

仮に100万円の預金を1年間置いていたら、税引前で1,000円の利息がもらえるね。

利息なんて今の時代全然もらえないと思っていたから、年0.1%の金利でもすごくありがたみを感じるなぁ！

次に楽天証券での取引に関しても、楽天銀行のハッピープログラムの対象になってポイントがもらえるようになるよ。

特に、楽天証券で保有の投資信託の残高10万円ごとに3～10ポイントもらえるのが人気で、つみたてNISA口座で投資信託の積立をしていくだけで、獲得できるポイントが自然と増えていくんだ。

こうやって見ると、楽天経済圏は本当に手間がかからずポイントがもらえるんだね。
一度始めさえすれば特にやることはないから、僕みたいなグータラペンギンには助かるな～。

楽天経済圏の中でも、楽天カード・楽天銀行・楽天証券はまず揃えておくべきサービスと言えるから、さっそく利用していこう！

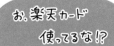

お、楽天カード
使ってるな!?

楽天カードで！

楽天カード・楽天銀行・楽天証券の相乗効果！

楽天カードの
引き落とし先を
楽天銀行にすると
毎月最大9ポイント
還元、SPUも+1倍

楽天カード

楽天証券の
楽天カード
クレジット決済で、
積立額の1%の
ポイント還元

楽天銀行

楽天証券

マネーブリッジを行うことで楽天銀行の金利が年0.1%に上がり、
楽天証券で保有の投資信託の残高10万円ごとに3〜10ポイント還元

楽天カード・楽天銀行・楽天証券を併用することで
自然と楽天ポイントがどんどん貯まっていくよ！

※マネーブリッジにより、楽天証券で保有の投資信託残高10万円ごとに3〜10ポイント付与。ただし一部
の銘柄は対象外で、付与ポイントは、対象月の前月末時点の代行報酬手数料率に応じて決定

Point

- 楽天カードの引き落とし先を楽天銀行にすると、毎月最大9
ポイントがもらえる上に、楽天市場におけるSPUが達成さ
れて+1倍になる。

- 楽天証券における楽天カードクレジット決済で投資信託を積
立すると、積立額の1%のポイント還元がある。

- 楽天銀行と楽天証券のマネーブリッジをすると、楽天銀行の
金利が年0.1%に上がり、楽天証券で保有の投資信託の残高
10万円ごとに3〜10ポイントもらえる。

楽天市場の買い物で ポイントを貯めよう

よ〜し、だいぶ楽天経済圏を使いこなせるようになってきたぞ！　次は何をすればいいんだい？

日本最大級の通販サイトである、楽天市場についても知っておこうか。
企業や個人が運営する店舗がサイト内に用意されていて、パソコンやスマホからのネットショッピングができるんだよ。

楽天市場か〜使ったことないなぁ。ネットショッピングなら、Amazon を使えばいいんじゃないの？

たしかに最近は Amazon を利用する人が多いけど、**楽天市場は少しコツを押さえて買い物するだけで、楽天ポイントが驚くほど貯まるようになるんだ。**
仮に Amazon と楽天で値段が同じ、もしくはほぼ変わらない商品があったら、ポイント還元を考慮すると楽天市場で購入した方がお得と言えるね。
そのため楽天経済圏を利用するようになったら、ネットショッピングは Amazon と楽天市場で比較してから買うようにするといいよ。
上手くやれば、**楽天市場の買い物で＋15 〜 20% 程度のポイント還元も狙える**からおすすめだね。

へ～それはすごいな！ 値段がそこまで変わらないなら、少しでもポイント還元がお得な方がいいもんね。じゃあ楽天市場で買い物する際のコツを教えてもらってもいい？

最低限知っておくべきコツとして、この３つを順番に紹介するね。

❶ **５と０のつく日に買い物をする**
❷ **SPU の倍率をできるだけ上げる**
❸ **お買い物マラソンの期間中にまとめ買いする**

１つ目の「５と０のつく日に買い物をする」は、毎月の５日、10日、15日、20日、25日、30日に、楽天市場のホームページ上でエントリーして、楽天カードで買い物すれば＋２倍（＋2%）もらえるキャンペーンだよ。
手軽に獲得ポイントを増やすことができるから、楽天市場では５と０のつく日に買い物しよう。

たとえば５と０のつく日に楽天市場で１万円の買い物をしたら、＋2% の還元で＋200 ポイントがもらえるってことか。

２つ目は「SPU の倍率をできるだけ上げる」だね。
SPU はスーパーポイントアッププログラムのことで、**様々な楽天サービスの条件を満たして使うと、その月に楽天市場での買い物でもらえる倍率が最大 15 倍程度まで増える**んだ。
たとえば楽天カードを使って楽天市場で買い物をすると＋２倍、楽天カードの引き落とし先を楽天銀行にすると＋１倍、楽天証券でポイントと現金合わせて 500 円分以上の投資信託を購入すると＋１倍になるよ。
これらの SPU 達成と、楽天会員に元々付与される１倍を合わせると、５倍程度までは割と簡単に倍率を上げることができるね。

SPU が 5 倍となっている時に、楽天市場で 1 万円の買い物をしたら、5% の還元で 500 ポイントか～なかなか大きいね！

SPU 対象サービスは色々あるけど、まずは楽天カード、楽天銀行、楽天証券の SPU 達成を優先して、あとは自分が普段から利用する楽天サービスだけ、条件達成を考えれば OK だよ。
たとえば僕なら、楽天モバイル（＋ 1 倍）、楽天トラベル（＋ 1 倍）、楽天ブックス（＋ 0.5 倍）、楽天市場アプリ（＋ 0.5 倍）あたりを達成しているね。

そんなに達成しているのか！
さすが亮平さん、楽天ヘビーユーザー……！

楽天モバイルは契約が条件で、1 年間無料だったからとりあえず申込したよ。（※現在は無料期間終了）
楽天トラベルは月 1 回 5,000 円以上の予約と利用が条件で、旅行の際のホテル予約に利用しているね。
楽天ブックスは月 1 回 1 注文 1,000 円以上の買い物が条件で、新書の購入の際に使っていて、楽天市場アプリはアプリ経由で楽天市場の買い物をするだけで条件達成になるから、参考にしてね。

> 亮平さんの一言メモ

楽天市場の SPU は今後、変更の可能性もあるため、新しい情報はブログ「BANK ACADEMY」の「【資産形成 1 年生】最新情報アップデートページ」にて都度更新しています。ぜひチェックしてね！

楽天市場は5と0のつく日とSPU達成から狙おう

5と0のつく日の買い物で +2倍

まずは楽天カードと楽天銀行、
楽天証券で達成するのがいいね

主要なSPU対象のサービス一覧

サービス名	倍率	達成条件
楽天カード	+2倍	楽天カードを利用して楽天市場で買い物
楽天銀行 ＋楽天カード	+1倍	楽天銀行の口座から 楽天カード利用分を引き落とし
楽天証券	+1倍	月1回500円以上のポイント投資 ※楽天ポイントコースの設定が必要。ポイントと現金 合わせて500円以上なので、1ポイントのみ利用でもOK
楽天モバイル	+1倍	楽天モバイルを契約
楽天トラベル	+1倍	月1回5,000円以上予約し、対象期間に利用
楽天ブックス	+0.5倍	月1回につき1注文1,000円以上の買い物
楽天市場 アプリ	+0.5倍	楽天市場アプリでの買い物

※5と0のつく日のエントリーは毎回必要。上限ポイント数は月間3,000ポイントで翌月15日以降に付与

※SPUの上限ポイント数、ポイント付与日などは各サービスによって異なるので、楽天市場のホームページ
　で要確認

5 楽天経済圏で楽天ポイントを貯めまくろう

199

3つ目は「お買い物マラソンの期間中にまとめ買いする」についてだね。お買い物マラソンはほぼ毎月、楽天市場で約1週間程度開催される、ショップ買いまわりでポイント倍率が上がるキャンペーンだよ。
楽天市場はたくさんの店舗がサイト内に掲載されているんだけど、**お買い物マラソンの期間中にホームページ上でエントリー後、1,000円以上（税込で送料含まず）購入したショップ数で最大＋9倍まで増えていく**んだ。

きゅっ、9倍！？

そう！　たとえば2ショップの購入で＋1倍、3ショップ購入で＋2倍、10ショップ購入で＋9倍というイメージで、買いまわり対象条件を満たした購入商品すべてに適用されるよ。
5と0のつく日とお買い物マラソンは併用可能だから、仮にお買い物マラソンがある月の4日〜11日だとしたら、5日もしくは10日に買い物すれば両方のキャンペーンが適用されるね。
僕は欲しいものがあったら楽天市場の買い物かごに入れつつ、5と0のつく日とお買い物マラソンの適用日にまとめて買うようにしているよ。

え〜そりゃすごいや！　でも、色んなショップで買い物しないといけないんでしょ。
そんなに買うものあるかなぁ……？

ショップ買いまわりで人気の商品は、ティッシュやトイレットペーパー、ミネラルウォーター、コンタクト、洗剤などの日用品だね。
ティッシュやトイレットペーパーはまとめ買いなら、送料無料になることもあるよ。
あとは本（新書）や家電製品なども購入する機会があったら、ショップ買いまわりで注文するといいね。

ふ〜む……それでも 10 ショップの買いまわりは難し
そうだなあ。
無駄遣いを避けつつ、効率的にショップ買いまわりで
きる方法は何かないのかい？

それなら、**楽天ふるさと納税を活用する**といいよ。
ふるさと納税の詳しい説明は第 6 章でするけど、簡単
に言うと地方の自治体に寄付した際に実質 2,000 円の
負担で済んで、各地の特産品などがもらえるお得な制
度だと思ってね。
**実はこの楽天ふるさと納税の寄付も、お買い物マラソ
ンにおけるショップ買いまわりの対象になるんだ。**
寄付先の自治体が異なっていれば、それぞれ 1 ショッ
プとしてカウントしてくれるから、仮に 5 つの自治体
に寄付した際は、5 ショップの達成となるよ。
人によっては、ふるさと納税の実質負担 2,000 円以
上のポイント獲得も狙えるから、非常におすすめだね。

どひゃ〜！　それはすごいや！
その楽天ふるさと納税とやらを利用すれば、無駄遣い
することなく、ショップ買いまわり数を増やしていけ
るんだよね？

その通り！　**お買い物マラソンと楽天ふるさと納税の
最強コンボは、とても人気が高いから覚えておこう。**
ただし会社員がふるさと納税で寄付する際は、確定申
告が不要なワンストップ特例制度を利用すると手続き
が楽だけど、1 年間の寄付先が 5 自治体以内であるこ
とが条件だから、これは第 6 章で解説するね。

ふるさと納税は次の章で勉強だね。了解です！

まとめると、5と0のつく日で+2倍、SPUで+5倍、お買い物マラソンで+9倍としたら、計16倍つまり16%ものポイント還元になるので、合計4万円の買い物なら6,400ポイントの獲得になるよ。
ペンタごんがやることとしては、まずはSPUをできる範囲で達成しつつ、5と0のつく日とお買い物マラソンの適用日に、日用品などの買い物や楽天ふるさと納税の寄付をまとめて行えばいいから、ぜひ試してみてね。

うひょ〜！　そんなにポイントがもらえるのか……楽天市場ってすごいなあ！
無駄遣いに気を付けつつ、さっそく使ってみるぞ〜！

楽天市場で
お買い物！

お買い物マラソンでまとめて買い物しよう

ショップ買いまわりで計 40,000 円の買い物をしたケース

ティッシュ
60 箱
3,900 円

ミネラルウォーター
500ml 48 本
2,200 円

コンタクト
1 日使い捨て 1 カ月分
4,000 円

本
（新書）
1,000 円

コードレス
掃除機
7,900 円

10ショップ
以上の購入で
対象の購入商品
すべて＋9倍に！

ふるさと納税
（お米）
5,000 円

ふるさと納税
（鶏肉）
5,000 円

ふるさと納税
（果物）
5,000 円

ふるさと納税
（野菜）
3,000 円

ふるさと納税
（スイーツ）
3,000 円

お買い物マラソン ＋9倍
SPU ＋5倍（楽天会員の 1 倍含む）
5と0のつく日 ＋2倍

合計
16 倍

計 40,000 円の買い物に
16％ の還元で
6,400 ポイントを獲得！
（ふるさと納税で支払った
21,000 円の実質負担は 2,000 円）

お買い物マラソンは楽天ふるさと納税の活用が
おすすめだけど、ワンストップ特例制度を利用する会社員は
5自治体までしか寄付できないので注意！

※お買い物マラソンの上限ポイント数は 7,000 ポイントで翌月 15 日頃に付与
※ 3 カ月に 1 回ほどの頻度で開催される楽天スーパー SALE なども、お買い物マラソンと同じようにショップ
買いまわりの特典あり

Point

- ●楽天市場で 5 と 0 のつく日にエントリーして、楽天カード
  で買い物すれば ＋2 倍となる。

- ●SPU については楽天カード、楽天銀行、楽天証券などでき
  る範囲で達成して、ポイント倍率を上げる。

- ●お買い物マラソンの期間中にエントリーして、日用品などの買い
  物や楽天ふるさと納税の寄付をまとめて行えば、最大＋9倍となる。

5 楽天ポイントのお得な 使い方をマスターしよう

楽天ポイントの貯め方はだいたい分かってきたぞ！
ただ、貯まったポイントはどうやって使うのがいいん
だろう？

楽天ポイントは日常の様々な支払いに充てることがで
きるんだけど、**ポイントで支払った金額に対しても、
さらにポイントが1%程度還元されるお得な使い方が
ある**から、知っておくといいよ。

ポイントで支払っても、さらにポイントがもらえるケー
スもあるのか！ それはぜひ知っておきたいです！

楽天ポイントのお得な使い方をマスターするために、
そもそも楽天ポイントには通常ポイントと期間限定ポ
イントの2種類があることを知っておこう。
**まず通常ポイントは楽天の各サービスを利用した際、
利用額に応じて原則1%分が付与されるポイント**だよ。
たとえば、楽天カードの利用額に対して1%還元され
るポイントは、通常ポイントだね。
通常ポイントは最後にポイントを獲得した月を含めた
1年間が有効期限となるけど、その1年の間に1度で
も通常ポイントを獲得すれば有効期限は延長されるか
ら、楽天経済圏を利用する限り通常ポイントの期限は
半永久的に続くと思えばOKだよ。

ふむふむ、通常ポイントはどうやって使うことができ
るんだい？

通常ポイントには色んな使い道があるんだけど、人気どころだとこのあたりが多いかな。

❶楽天カードの利用額に充てる
❷楽天ポイント投資に充てる
❸楽天ポイントカードや楽天ペイの支払いに充てる
❹楽天モバイルの支払いに充てる
❺楽天でんき・楽天ガスの支払いに充てる

色々とあるけど、ひとまず通常ポイントは、楽天カードの利用額に充てることを覚えておくといいよ。

ふ〜む、楽天カードの利用額に充てるって、つまり通常ポイントの分だけクレジットカードの支払い額が減るってこと？

そうさ。パソコンやスマホから楽天 e-NAVI（楽天カード会員専用のオンラインサービス）にアクセスして、ポイント払いの手続きが簡単にできるんだ。
仮に1カ月の楽天カードの利用額が10万円だったとして、通常ポイントを1万ポイント支払えば、残りの9万円が楽天カードの請求額になるんだよ。
この使い方にはメリットがあって、楽天カードの利用額に通常ポイントを充てても、楽天カードでもらえる1%の還元は変わらないんだ。
さっきの例だと、1万ポイントを支払っても還元されるポイントは変わらず、楽天カードの利用額10万円に対して1%還元で、1,000ポイントがもらえるんだよ。

どひゃ〜、そりゃお得だね！ ポイントで支払ったにもかかわらず、カード利用額の1%がそのままもらえるってことか。

このように通常ポイントは様々な使い道があるけど、楽天カードの利用額に充てるべしと覚えておこう。
通常ポイントは楽天証券のポイント投資に充てることもできるんだけど、ポイント投資による還元はないから、楽天証券での楽天カードクレジット決済を優先して、その楽天カードの利用額へポイント払いする方が1％還元分、お得になるよ。ただし楽天 e-NAVI にて、楽天カードの利用額をポイントで支払える期間は、毎月 12 日～最長 24 日などの条件もあるから注意してね。
ちなみに楽天市場での支払いに楽天ポイントを使う方法もあるけど、楽天カードでの支払いが条件である SPU（楽天カード・楽天銀行など）が達成できなくなるので、楽天カード払いよりポイント還元が減ってしまうからおすすめしないかな。

通常ポイントは、楽天カードの利用額に充てるべしだね。覚えておきます！

通常ポイントは楽天カードの利用額に充てよう！

| 楽天カード
利用額10万円 | － | 通常ポイント
1万ポイント | ＝ | 残り9万円が
楽天カードの請求額に |

1％還元で 1,000 ポイント獲得

楽天カードの利用額に対して
ポイント払いをしても、
もらえるポイントは変わらない！

パソコンやスマホから楽天e-NAVIにアクセスして、楽天カードの利用額へポイント払いができるよ！　ただしこの使い方は通常ポイントのみ可能で、期間限定ポイントは使えないから注意してね

※楽天 e-NAVI におけるポイント支払いの受付期間は、毎月 12 日 (請求確定金額反映後) ～最長 24 日まで。
　通常ポイントのみ利用可能で、1 カ月に利用できる回数は最大 5 回まで、1 回もしくは 1 カ月に利用できる
　ポイント数は会員ランクによって異なる

次に期間限定ポイントについて説明するね。その名の通り、**使える期限が決まっているポイント**で、基本は**付与された月の翌月末日が期限**となるよ。
5と0のつく日やSPU、お買い物マラソンなどのキャンペーンでもらえて、たとえば、**1月15日頃にポイント付与されたら、2月28日が期限**のイメージだね。
この期間限定ポイントは使い道がやや制限されていて、楽天カードの利用額やポイント投資に充てることはできないよ。

なぬ！ それなら、期間限定ポイントはどう使うのがいいのさ？

期間限定ポイントのおすすめの使い方は、以下の3つがあるね。

❶楽天ポイントカードや楽天ペイの支払いに充てる
❷楽天モバイルの支払いに充てる
❸楽天でんき・楽天ガスの支払いに充てる

まず期間限定ポイントは通常ポイントと同様、楽天ポイントカードや楽天ペイでのポイント払いに使えるから、コンビニや飲食店などの対象店舗で使用するのがいいね。
通常ポイントと期間限定ポイントを保有している場合は、期間限定ポイントから優先して消費されるし、ポイント払いでも元々の支払額に対して0.5〜1%程度の還元があるからお得なんだ。

ほほ〜。たまに自分へのご褒美で、ビールやスルメをコンビニで買う際に使えばいいのか……グフフ。

あと期間限定ポイントは、楽天モバイルの支払いに充てることもできるよ。
楽天モバイルは1年間無料のキャンペーン中に契約した人も多いと思うけど、無料期間が終わってそのまま使い続ける際は、ポイント払いを検討するのがいいね。
ポイントを利用した分も含めて、利用料金の1%分のポイントが付与されるからお得だよ。

楽天モバイルを利用している人にとっては、ポイントを無駄遣いすることなく、固定費削減に繋がるからいいね！

最後に、個人や家庭向けに提供している電気・都市ガスサービスの楽天でんき・楽天ガスも、期間限定ポイントで支払うことができるよ。
このケースもポイントを利用した分を含めて、楽天でんきのみだと利用料金の0.5％、楽天ガスも併用すると1％分のポイントが付与されるからお得だね。
ただし地域によって、楽天でんき・楽天ガスよりも安い電力会社やガス会社もあるから、乗り換えする前は料金プランの比較を忘れずにしよう。

なるほどな〜。とりあえず僕なら、期間限定ポイントはどうやって使うのがいいんだろう？

ペンタごんはひとまず、コンビニや飲食店などの対象店舗で、楽天ポイントカードや楽天ペイの支払いに充てるのがいいだろうね。
楽天ポイントカードが使えなくても楽天ペイが使える店舗はあるし、逆に楽天ペイが使えなくても楽天ポイントカードが使える店舗もあるから、両方を用意しておくとポイント利用可能な店舗がだいぶ増えるよ。
ちなみに自分が今保有しているポイント数や、通常ポイントと期間限定ポイントがそれぞれいくらあるかは、楽天PointClubというアプリですぐ確認ができるから、スマホでインストールしておくといいよ。

了解です！　楽天ポイントは貯めやすいだけじゃなくて、使い道も豊富にあるのがまたいいね！

そうだね。日常の生活で楽天ポイントをどんどん貯めて、貯まったポイントをお得に使っていくことで、楽天経済圏を使い倒していこう！

フォロワーさんに聞いてみた！

● 楽天の期間限定ポイント、何に使ってる？

期間限定ポイントは、付与された月の翌月末までが期限で、使い道もやや制限されているため、何の支払いに充てるべきか悩む人の声もよく聞きます。そこで、実際にフォロワーさんから多く寄せられた使い道を紹介しますので参考にしてみて下さい！

➡️ フォロワーさんの使い道！

❶ コンビニやカフェ、ドーナツショップでのプチ贅沢（楽天ペイ・楽天ポイントカードを使用）

❷ ドラッグストアでの買い物（楽天ペイ・楽天ポイントカードを使用）

❸ ガソリンスタンドでの支払い（楽天ポイントカードを使用）

❹ 楽天でんきの支払い

❺ 楽天モバイルの支払い

コンビニやカフェで、自分へのご褒美として使う人が多かったね！

期間限定ポイントのおすすめの使い方！

楽天ポイントカード、楽天ペイでポイント払い

コンビニや飲食店などの
対象店舗で、自分への
ご褒美として使うのもいいね！

楽天ポイントカード
（ポイント払いは 0.5 〜 1% 程度の還元）

楽天ペイ
（ポイント払いは 1% 還元）

楽天モバイル、楽天でんき・楽天ガスでポイント払い

楽天モバイル
（ポイント払いでも利用額に対して 1% 還元）

楽天でんき・楽天ガス
（楽天でんきのみだと 0.5% 還元、
楽天ガスも併用すると 1% 還元）

ひとまずは楽天ポイントカード、楽天ペイでの
ポイント払いが使いやすくておすすめだよ。
期間限定ポイントは使える期間が短いから気を付けてね！

※楽天ペイは楽天カードからチャージして支払うと、最大 1.5% 還元。ポイント払いだと 1% 還元となる

✨ Point

- 通常ポイントの使い道は色々とあるが、楽天カードの利用額へのポイント払いがおすすめで、ポイント払いをしても、カード利用額の 1% がそのままもらえる。

- 期間限定ポイントの使い道は、0.5 〜 1% 程度の還元がある楽天ポイントカードや楽天ペイでのポイント払いがおすすめ。また楽天モバイルや楽天でんき・楽天ガスのユーザーなら、利用料金に期間限定ポイントを充てることもできて、0.5 〜 1% のポイント還元もある。

この章のチェックリスト

☐ 楽天カードをメインカードにして、日々の支払いに活用する

☐ 楽天ポイントカードや楽天 Edy、楽天ペイを利用する

☐ 楽天銀行で、ハッピープログラムのエントリーとマネーブリッジを設定する

☐ 楽天市場における SPU の倍率をできる限りアップする

☐ 楽天市場と楽天ふるさと納税をまとめて利用する

☐ 貯まった楽天ポイントを効率的に消費する

COLUMN

楽天経済圏で1カ月の ポイ活にチャレンジ！

　日常生活の様々な場面で活躍する楽天サービスですが、**1カ月間、集中的に楽天経済圏におけるポイ活をすると、実際に楽天ポイントをいくら獲得できるのか検証してみます。**

　今回は会社員2年目で独身のペンタごんが、ある月の1日（月）から31日（水）までに、日常の様々なイベントに対して、楽天サービスをできるだけ利用したケースを考えます。

　普段の生活に馴染み深い楽天サービスのみを対象として、楽天カード、楽天銀行、楽天証券、楽天ポイントカード、楽天Edy、楽天ペイ、楽天でんき、楽天ガス、楽天トラベル、楽天市場、楽天ふるさと納税を利用することにします。

　楽天カードと楽天Edyは1%還元、楽天ペイは楽天カードからのチャージで1.5%還元とした上で、イベントが起こった日にポイントを獲得できたものとします。

　またSPUは、楽天カード（+2倍）、楽天銀行（+1倍）、楽天証券（+1倍）、楽天トラベル（+1倍）の達成をしていることを前提に、楽天会員の1倍と合わせて計6倍とします。

　これらをもとに、楽天経済圏でのポイ活の実績を見ていきましょう！

START!

2日(火) 6ポイント

夕食に、牛丼チェーン店で400円の牛丼を、楽天ペイで支払う。6ポイント獲得。（楽天ペイ1.5%）

総額 **12ポイント**

1日(月) 6ポイント

外回り営業の合間に、カフェでちょっとひと息。会計400円を楽天ペイで支払う。6ポイント獲得。（楽天ペイ1.5%）

総額 **6ポイント**

3日(水) 150ポイント

職場の飲み会に参加。会計3万円を上司が支払う際、楽天ポイントカードをこっそり提示させてもらう。150ポイント獲得。（楽天ポイントカード0.5%）　総額 **162ポイント**

4日(木) 8ポイント

夕食に、コンビニで 400 円の弁当を購入して、楽天ポイントカード提示後、楽天ペイで支払う。8 ポイント獲得。(楽天ポイントカード 0.5%＋楽天ペイ 1.5%) 総額 **170**ポイント

5日(金) 200ポイント

会社の同期 4 人で、楽しく飲み会。会計 2 万円は後でワリカンすることにして、ペンタごんの楽天カードでひとまず支払う。200 ポイント獲得。(楽天カード 1%) 総額 **370**ポイント

6日(土) 300ポイント

来週末に控えた友人の結婚式に向け、3 万円のスーツを楽天カードで支払う。300 ポイント獲得。(楽天カード 1%) 総額 **670**ポイント

7日(日) 15ポイント

1 週間の朝食をスーパーでまとめ買いして、会計 1,000 円を楽天ペイで支払う。15 ポイント獲得。(楽天ペイ 1.5%) 総額 **685**ポイント

8日(月) 30ポイント

楽天証券の楽天カードクレジット決済にて、月 3,000 円の投資信託の積立を行う。30 ポイント獲得。(楽天カード 1%) 総額 **715**ポイント

9日(火) 6ポイント

夕食に、牛丼チェーン店で 400 円の牛丼を食べる。楽天ペイで決済して、6 ポイント獲得。(楽天ペイ 1.5%) 総額 **721**ポイント

15日(月) 12ポイント

夕食に、ハンバーガーショップで 600 円のセットを注文。楽天ポイントカードを提示後、楽天 Edy で支払う。12 ポイント獲得。(楽天ポイントカード 1%＋楽天 Edy1%) 総額 **895**ポイント

14日(日)

1 日中、家でゴロゴロして過ごす。

13日(土) 100ポイント

友人の結婚式に参加。久しぶりに再会した旧友たちとバーに行き、楽天カードで 1 万円を支払う。100 ポイント獲得。(楽天カード 1%) 総額 **883**ポイント

12日(金) 30ポイント

仕事終わりに、職場の同僚と 3 次会まで飲み歩く。この日だけはタクシーに乗って帰り、楽天カードで 3,000 円支払う。30 ポイント獲得。(楽天カード 1%) 総額 **783**ポイント

11日(木) 20ポイント

仕事を頑張ったご褒美に、夕食はファミレスで 1,000 円のステーキを味わう。楽天ポイントカード提示後、楽天ペイで支払う。20 ポイント獲得。(楽天ポイントカード 0.5%＋楽天ペイ 1.5%) 総額 **753**ポイント

10日(水) 12ポイント

早上がりの日で 17 時に退社。コンビニでビールとスルメを買い、会計 600 円は楽天ポイントカード提示後、楽天ペイで支払う。12 ポイント獲得。(楽天ポイントカード 0.5%＋楽天ペイ 1.5%) 総額 **733**ポイント

16日(火) 8ポイント

夕食に、コンビニで400円の弁当を購入して、楽天ポイントカード提示後、楽天ペイで支払う。8ポイント獲得。（楽天ポイントカード0.5%＋楽天ペイ1.5%）総額 **903ポイント**

17日(水) 4ポイント

外回り営業の合間に、ドーナツショップでちょっとひと息。会計400円の支払いの際に楽天ポイントカードを提示する。4ポイント獲得。（楽天ポイントカード1%）総額 **907ポイント**

18日(木) 6ポイント

夕食に、牛丼チェーン店で400円の牛丼を、楽天ペイで支払う。6ポイント獲得。（楽天ペイ1.5%）総額 **913ポイント**

19日(金) 100ポイント

職場の後輩を連れて飲みに行く。会計1万円はペンタごんの奢りで、楽天カードで支払う。100ポイント獲得。（楽天カード1%）総額 **1,013ポイント**

20日(土) 600ポイント

会社の同期4人で1泊2日の旅行に行く。楽天トラベルで旅館を予約して、ペンタごんの楽天カードで宿泊代3万円をまとめて支払う。600ポイント獲得。（楽天トラベル1%＋楽天カード1%）総額 **1,613ポイント**

21日(日) 20ポイント

旅行先で職場へのお土産を購入する。会計2,000円は、楽天カードで支払う。20ポイント獲得。（楽天カード1%）総額 **1,633ポイント**

26日(金) 12ポイント

夜遅くまで残業。帰りにコンビニでビールとスルメを買い、会計600円は楽天ポイントカード提示後、楽天ペイで支払う。12ポイント獲得。（楽天ポイントカード0.5%＋楽天ペイ1.5%）総額 **8,463ポイント**

25日(木) 6800ポイント

5と0のつく日とお買い物マラソンが併用できる日に、楽天市場でまとめてお買い物。ティッシュ、ミネラルウォーター、コンタクト、本、コードレス掃除機を購入し、楽天ふるさと納税で5自治体に寄付。計4万円の買い物で10ショップの買いまわり達成。6,800ポイント獲得。（お買い物マラソン9%＋SPU6%＋5と0のつく日2%）総額 **8,451ポイント**

24日(水)

早上がりの日で17時に退社。家でゴロゴロして過ごす。

23日(火) 6ポイント

外回り営業の合間に、カフェでちょっとひと息。会計400円を楽天ペイで支払う。6ポイント獲得。（楽天ペイ1.5%）総額 **1,651ポイント**

22日(月) 12ポイント

夕食に、ハンバーガーショップで600円のセットを注文。楽天ポイントカードを提示後、楽天Edyで支払う。12ポイント獲得。（楽天ポイントカード1%＋楽天Edy1%）総額 **1,645ポイント**

27日(土) 292ポイント

楽天でんき（4,000円）、楽天ガス（3,000円）、水道代（3,000円）、スマホ代（6,000円）、Wi-Fi料金（4,000円）、新聞代（4,000円）を楽天カードで支払う。216ポイント獲得。（水道代以外は1%、水道代は0.2%）

※公共料金の支払いは原則0.2%還元だが、楽天でんきと楽天ガスは1%還元

楽天でんき、楽天ガスは利用料金に対して1%還元あり。70ポイント獲得。
楽天銀行のハッピープログラムにおける、楽天カードの口座振替が達成。6ポイント獲得。（ハッピープログラムの会員ステージはプレミアム想定）
総額 8,755ポイント

28日(日) 100ポイント

大学の同窓会に参加。2次会の1万円を楽天カードで支払う。100ポイント獲得。（楽天カード1%）
総額 8,855ポイント

29日(月) 2ポイント

給料が楽天銀行に振り込まれる。楽天銀行のハッピープログラムにおける給与の受取が達成。2ポイント獲得。
総額 8,857ポイント

30日(火) 8ポイント

夕食に、コンビニで400円の弁当を購入して、楽天ポイントカード提示後、楽天ペイで支払う。8ポイント獲得。（楽天ポイントカード0.5%＋楽天ペイ1.5%）
総額 8,865ポイント

31日(水) 6ポイント

夕食に、牛丼チェーン店で400円の牛丼を、楽天ペイで支払う。6ポイント獲得。（楽天ペイ1.5%）
総額 8,871ポイント

GOAL!

合計
8,871
ポイント

1カ月後には、なんと8,871ポイントが貯まりました。

日常の支払いで楽天カードや楽天ポイントカード、楽天ペイなどを利用できる機会は多くありますし、旅行には楽天トラベルを利用することができます。

また楽天市場の買い物や楽天ふるさと納税での寄付は、SPUの倍率をできるだけ上げて、5と0のつく日とお買い物マラソンを併用できる日にまとめて購入することで、ポイントを一気に獲得できるのでおすすめです。

この他にも楽天サービスは豊富にあるので、人によってはさらに獲得ポイントを増やすこともできるでしょう。

貯まったポイントは、楽天カードの利用額や楽天ペイの支払いなどに充てられるので、使い道に困らないのも大きな魅力です。

楽天経済圏でのポイ活は資産形成の後押しにもなりますので、ぜひ試してみて下さい！

第 **6** 章

. . . .

お得なふるさと納税を
試してみよう

1 ふるさと納税ってなに？

第 5 章で楽天ふるさと納税の話が出たけど、そもそも
ふるさと納税って何なのさ？

ふるさと納税は、地方自治体（市区町村など）に寄付
をする制度だと思ってね。
都会に集中する税金を地方に還元するために始まった
制度で、自分が生まれ育った地域や応援したい地方の
自治体などに寄付ができるんだ。
**ふるさと納税は 1 月 1 日から 12 月 31 日までの年単
位で利用できて、寄付額から 2,000 円を差し引いた
金額が、所得税や住民税から控除されるよ。**
その上で、**寄付した自治体からお礼として、返礼品と
呼ばれる、地域の特産品などが送られてくるからお得**
と言われるんだ。

ほほう、つまりふるさと納税をすれば税金が安くなる
し、特産品ももらえるってことなのか！

いや、ふるさと納税によって税金が安くなるわけでは
ないよ。
よく誤解されるけど、**ふるさと納税は、寄付という形
で納めたお金から 2,000 円を差し引いた金額が、今
後支払う税金から控除される制度なので、いわば税金
を前払いしているイメージを持つ**のがいいね。
つまり、税金の前払いとして寄付はするけれど、**実質
的に 2,000 円の負担で、地方の色んな特産品などが
もらえる制度**だと思っておくといいよ。

な〜んだ。そうしたら、ふるさと納税で寄付をすると、どんなものがもらえるのか気になるな。

返礼品は豊富に用意されていて、人気どころだとお米やお肉、お魚、野菜、果物、ペンタごんの大好きなビールだってあるよ。
さらには家具や旅行の宿泊券、家電やおもちゃなど、数万種類を超える豊富なラインナップの中から選ぶことができるんだ。

どひゃ〜、返礼品ってそんなに色々とあるのか！　たとえば1万円の寄付をして、返礼品にお米を選ぶとしたら、寄付先の自治体からどれくらいの量が送られてくるのかな？

寄付額に対する返礼品の市場価格の割合（還元率）は現状、3割以下と決まっているよ。
たとえば、**1万円の寄付をした際は、だいたい3,000円相当の返礼品がもらえるから、お米だと10kg程度**だね。
2万円の寄付をした際は6,000円相当、3万円の寄付をした際は9,000円相当の返礼品がもらえるよ。

そ、それならたくさん寄付した方がお得になるってことだよね！？

そうだね。年間の寄付の合計額に対して、**実質負担は2,000円で済むから、多く寄付をするほどお得になる**よ。
ただし、また後で紹介するけど、寄付によって税金から控除できる上限額は、収入や家族構成などによって決まっているから気を付けてね。
ちなみに寄付額が控除上限額に達しても、ふるさと納税は年単位で利用できるから、来年になるとまた新たに寄付が可能だよ。

来年になるとまた寄付が可能だって！？
そりゃすごいや！

つまり、ふるさと納税は仕組みを一度理解すれば、今後ずっとお得に使い続けられる制度だから、知らないと損とも言えるほどおすすめなんだ。

僕の大好きなビールも、ずっともらい続けることができるのか……。（ヨダレ）
ふるさと納税を使えば食費を抑えられて節約にも繋がりそうだね、いっちょやってみるぞ〜！

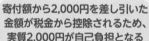

ふるさと納税の大まかな仕組みを知ろう！

寄付額から2,000円を差し引いた
金額が税金から控除されるため、
実質2,000円が自己負担となる

寄付

生まれ故郷以外もOKで、
全国の自治体に寄付できる

寄付者

返礼品

全国の自治体

地方の特産品を始め、
豊富なラインナップから
選ぶことができる

ふるさと納税は1月1日～12月31日の年単位で
利用できて、仮に1万円を寄付すると、
3,000円相当の返礼品がもらえると思っておこう

※ふるさと納税における返礼品は現状、地場産品のみに限られ、還元率は寄付額の3割以下となっている

Point

● ふるさと納税は、地方の自治体に寄付をする制度で、1月1日から12月31日までの年単位で利用できて、寄付額から2,000円を差し引いた金額が所得税や住民税から控除される。

● 実質負担2,000円で、寄付先の自治体から、返礼品と呼ばれる地方の特産品などがもらえるため、お得な制度と言える。

6

お得なふるさと納税を試してみよう

2 会社員向けのワンストップ特例制度を知っておこう

ふるさと納税がお得なのは分かったけど、手続きが面倒だったりしないのかな？

大丈夫さ！　**ふるさと納税にはワンストップ特例制度という便利な制度がある**から、安心してね。
ふるさと納税で、寄付額から自己負担の 2,000 円を差し引いた金額を税金から控除するには、原則、確定申告が必要なんだ。
ただし、**会社員など普段確定申告をしない人はワンストップ特例制度を利用すると、確定申告を行わなくても、簡単な手続きで税金の控除が受けられる**よ。

なに〜！　ワンストップ特例制度、ぜひ教えて下さい！

ワンストップ特例制度の手続きは、寄付後に自治体から送られてくる、ワンストップ特例申請書（寄付金税額控除に係る申告特例申請書）を使うんだ。
ワンストップ特例申請書には、**寄付者の住所や氏名、マイナンバーなどを記入して、本人確認書類とともに返送するだけでいいから、とっても簡単**なんだよ。

へ〜楽ちんだなぁ、思ったよりずっと簡単に手続きができるんだね。

ワンストップ特例申請書が寄付先の自治体へ届くと、居住地の自治体へ連絡があり、住民税が控除されるよ。ただし、ワンストップ特例申請書は、寄付した各自治体それぞれに郵送する必要があり、1カ所の自治体に2回以上寄付をした場合も、その都度、申請書を提出するから気を付けてね。

よっしゃ、ワンストップ特例制度をさっそく使ってみようかな！

おっと、ワンストップ特例制度には、手続きが無効になってしまう落とし穴が下記のように3つあるから、利用する前に必ず知っておこう。

❶**何らかの理由で確定申告を行った際は、ワンストップ特例制度は無効**
❷**ワンストップ特例制度が使えるのは、1年間に5つの自治体への寄付まで**
❸**ワンストップ特例申請書の提出期限は、翌年1月10日必着**

了解です！　順番に教えて下さい！

まず、何らかの理由で確定申告を行った際は、ワンストップ特例制度は無効となるんだ。
給与の年間収入金額が2,000万円を超える人や、給与以外の副業などによる所得が20万円を超える人、1年間に多くの医療費を支払った場合に利用できる医療費控除、もしくは住宅ローンを組んだ際に利用できる住宅ローン控除（1年目）などを申請する人は、会社員でも確定申告が必要となるから注意が必要だね。
この場合、すでにワンストップ特例申請書を提出済でも、確定申告を行った際はワンストップ特例制度は自動で無効となるよ。

ワンストップ特例制度はあくまで、確定申告をする必要がない人だけが使えるってことだね。

次に、ワンストップ特例制度が使えるのは、1年間に5つの自治体への寄付までだから、6自治体以上に寄付してしまった時は、すべて確定申告で対応することになるよ。
ただ、1つの自治体に対して複数回寄付した場合は、1自治体のカウントで済むから覚えておくといいね。
最後に、ワンストップ特例申請書の提出期限は、寄付した翌年の1月10日必着だから、忘れずに手続きしよう。
この期限を過ぎてしまった場合も、確定申告での対応になってしまうからね。

そうなんだね、気を付けます！　ちなみに、ワンストップ特例制度を利用した場合、税金はいつから控除されるんだい？

ワンストップ特例制度の場合は、寄付額から自己負担の2,000円を差し引いた金額は、翌年の6月〜翌々年の5月に支払う住民税から控除されるので、寄付した後すぐに税金の控除が始まるわけではないから気を付けてね。
税金控除の確認方法も、また後で紹介するから、ひとまずはワンストップ特例制度の全体の流れを押さえておこうか。

会社員はワンストップ特例制度を活用しよう

ワンストップ特例制度の仕組み

①ふるさと納税で寄付後、
ワンストップ特例申請書提出

寄付先の自治体

寄付者の手続きは、
ワンストップ特例申請書の
提出だけで終わるよ!

申請書

②控除に必要な
情報を連絡

寄付者

③寄付した翌年以降の
住民税から控除

居住地の自治体

ワンストップ特例制度の税金控除の流れ

1月1日～
12月31日
に寄付

寄付した年

翌年6月～翌々年5月にて
住民税から毎月控除

1月
翌年

6月

1月
翌々年

5月

ワンストップ特例制度は、翌年以降の住民税から
控除されるので、寄付してから少し期間が空くね

※ワンストップ特例申請書は寄付先の自治体より送られてくるが、紛失した際はふるさと納税サイトからダウン
ロード可能

確定申告を行う時のふるさと納税の手続きも、話しておくね。

将来、結婚をした際に、出産に伴う医療費控除や、マイホームを購入した時の住宅ローン控除を申請する時などは確定申告が必要となるから、一応知っておくといいよ。

確定申告におけるふるさと納税の手続きでは、寄付先から送られてくる寄付金受領証明書を、確定申告時に税務署へ提出するんだ。

ワンストップ特例制度を利用する際にも寄付金受領証明書は送られてくるけど、確定申告しない限り提出する必要はないから、自宅に保管しておけば大丈夫だよ。

確定申告をした場合も、税金は同じように引かれるのかな？

ワンストップ特例制度では住民税の控除のみだけど、確定申告の場合は、所得税と住民税の控除に分かれるよ。

所得税は、寄付した翌年の2月16日〜3月15日の確定申告後に控除もしくは還付されて、住民税は翌年の6月〜翌々年の5月に支払う分から控除されるね。

このように**確定申告とワンストップ特例制度は税金控除の流れが異なるけど、寄付額から自己負担の2,000円を差し引いた金額が控除されることは変わらない**よ。

基本的には、確定申告をする必要がない人は、手続きが楽なワンストップ特例制度を活用するのがおすすめだね。

とりあえず、僕ならワンストップ特例制度を使っておけばOKってことだね、覚えておきます！

ふるさと納税における確定申告の流れも知ろう

ふるさと納税での確定申告の仕組み

③確定申告

①寄付

②寄付金受領
証明書の送付
（確定申告時に添付）

寄付先の自治体

寄付者

税務署

④所得税の
控除・還付

⑤申告書（連絡）

⑥住民税の控除

居住地の自治体

確定申告の税金控除の流れ

1月1日〜12月31日
に寄付

寄付した年

翌年の2月16日〜3月15日の
確定申告後に所得税から控除・還付

翌年6月〜翌々年5月にて
住民税から毎月控除

1月
翌年　2月〜3月　6月　　1月
翌々年　5月

ワンストップ特例制度は住民税の控除のみだけど、確定申告では所得税と
住民税から控除されるよ。ただ合計の控除額は変わらないから安心してね

※寄付金受領証明書を紛失した場合は、寄付先の自治体へ連絡して再発行の手続きが必要

※確定申告の期間は原則、毎年2月16日〜3月15日で、e-Tax（国税電子申告・納税システム）を利用
する場合、寄付金受領証明書の添付は不要。また令和3年分の確定申告から、各自治体からの寄附金受
領証明書の代わりに、特定事業者（ふるさと納税サイト）発行の「寄附金控除に関する証明書」のみ添付
でOKになり、申告手続が簡素化される

※個人事業主などの場合は、住民税の控除は翌年6月、8月、10月、翌々年1月の年4回に分けて住民税を支払う際に行われる

Point

● ふるさと納税で寄付額から自己負担の2,000円を差し引いた
金額を税金から控除するには、原則、確定申告が必要。

● 確定申告が不要な人は、申請書に記入して返送するだけで手続
きが完了するワンストップ特例制度の利用がおすすめ。

● 確定申告の場合は所得税と住民税からそれぞれ控除されるのに
対し、ワンストップ特例制度の場合は住民税からの控除のみだ
が、合計の控除額は変わらない。

3 おすすめのふるさと納税サイトを紹介！

ふるさと納税についてだいぶ分かってきたけど、自治体への寄付は、どこから申し込めばいいのかな？

寄付の申込は、ふるさと納税サイトで行えるよ。
ふるさと納税サイトは、パソコンやスマホから利用できて、全国の自治体が掲載されているショッピングモールのようなものだと思ってね。
人気の返礼品のランキングが一目で分かったり、お米やお肉などのカテゴリー別に返礼品を選ぶこともできるので、とても便利なんだ。
ふるさと納税サイトは色々とあるけど、掲載している自治体や返礼品の数で差があったり、ポイント還元がサイトごとに異なるから、事前に特徴を知っておくといいよ。

ふるさと納税サイトは CM で見かけたことはあるけど、たしかに色んなサイトがあった気がするな。
どこがおすすめなのか、教えてもらってもいい？

任せてね！　ふるさと納税サイトで、特に有名なのはこの 4 つだね。

❶楽天ふるさと納税
❷ふるなび
❸ふるさとチョイス
❹さとふる

おすすめは何といっても、楽天ふるさと納税だよ。

すごい！　また楽天経済圏だね！

第5章でも紹介した通り、楽天ふるさと納税の寄付は、楽天市場の買い物と同じポイント還元が得られるんだ。仮に、楽天市場でのSPUや5と0のつく日、お買い物マラソンにより、ポイント倍率が20倍近くに上がっているタイミングに、楽天ふるさと納税で1万円を寄付したら、約20％の還元で2,000ポイントがもらえるんだよ。

ふるさと納税の実質負担である2,000円以上のポイントがもらえることもあるから、非常に人気が高いね。

うっひゃ〜！　そりゃすごいや、楽天経済圏を利用する人なら、楽天ふるさと納税で間違いなしってことだね。

楽天経済圏を利用しない人なら、Amazonギフト券コードで、通常1％の還元があるふるなびを選ぶといいよ。
ギフト券に記載されているコードを、Amazonのアカウントに登録してチャージすると、Amazonでの支払いに使えるようになるんだ。
また、できるだけ多くの返礼品の中から選びたいという人は、掲載自治体数No.1のふるさとチョイスを検討してもいいかもしれないね。
ペンタごんは楽天経済圏を利用しているから、迷わずに楽天ふるさと納税を使えばOKだよ。

よ〜し。ふるさと納税サイト、使い倒してみせるぞ〜！

おすすめのふるさと納税サイトを紹介！

ふるさと納税サイトによっては、
ポイント還元があるんだね！

	掲載自治体数	ポイント還元
楽天 ふるさと納税	1,160	楽天ポイントの還元があり、楽天市場と 同様に約20%程度のポイント還元も狙える
ふるなび	622	Amazonギフト券コードの還元があり、 還元率は時期によって異なるが、通常は1%
ふるさと チョイス	1,788	なし
さとふる	920	なし ※時期によっては還元キャンペーンあり

ポイント還元では、楽天ふるさと納税が
ダントツでおすすめ！　ふるさと納税における
実質負担2,000円以上のポイント獲得も狙えるよ

※各ふるさと納税サイトの掲載自治体数は、2021年5月1日時点の数値

✦ Point

● ふるさと納税サイトは、掲載している自治体や返礼品の数で
　差があり、ポイント還元がサイトごとに異なる。

● ポイント還元なら、約20%程度の還元が狙える楽天ふるさと
　納税がおすすめ。楽天経済圏を利用しない人なら、Amazon
　ギフト券コードの還元があるふるなびを選ぶといい。

フォロワーさんに聞いてみた！

● **ふるさと納税、もらって良かった返礼品は？**

ふるさと納税で選べる返礼品は豊富に用意されているため、どれを選ぶべきか悩む人も多いはずです。そこでフォロワーさんに、ふるさと納税で良かった返礼品を聞いてみたので、参考にどうぞ！

➡ **フォロワーさんおすすめの返礼品はコレ！**

❶ お米：ふるさと納税と言ったら、やっぱりお米。スーパーで買って帰ると重いので、自宅に届くのも助かる。

❷ ハンバーグ：焼くだけで OK なので調理が楽だし、子どもも喜んでくれる。高級和牛を使ったものなど、一味違うハンバーグが手に入るのも良い。

❸ ティッシュやトイレットペーパー：生活必需品なので、いくらあっても困らない。ただ大量に注文する際は、事前に置き場所の確保が必須。

❹ カツオやホタテ、うなぎ、いくらなどの魚介類：スーパーではなかなか買えないので、贅沢気分を味わえる。1 人で食べきるのはやや大変なので、夫婦や子どもがいる家庭などにおすすめ。

❺ 果物やスイーツ：頑張った自分へのご褒美にしている。寄付額が少し高くなるが、その時期に旬の果物を届けてくれる定期便もあって嬉しい。

たくさんのコメントをもらったけど、お米を頼んでいる人が多かったね！

4 ふるさと納税を 実際にやってみよう

さて、ここまで分かったら、ペンタごんもふるさと納税を実際にやってみようか。
手続き自体はそこまで難しくないから、一度やれば慣れると思うよ。

了解です！　最初は何から始めればいいんだっけ？

ふるさと納税の手続きの流れを大まかに 4 つにまとめておくから、一緒に見ていこうか。

❶控除上限額を確認する
❷寄付する自治体と返礼品を選び、寄付金を支払う
❸自治体から書類と返礼品を受け取る
❹税金控除の手続きを行う

ぜひお願いします！

まずは、控除上限額の確認から始めよう。
ふるさと納税の寄付による税金の控除上限額は、寄付者の収入や家族構成などによって決まるよ。

もし、上限を超えて寄付してしまった分はどうなるのさ？

控除上限額を超えて寄付した分は、税金から差し引かれず、ふるさと納税における自己負担が **2,000 円**より増えてしまうことになるから、注意が必要だよ。
ちなみに専業主婦（夫）や扶養内で働くパート主婦の方で、そもそも所得税や住民税を納めていない場合は、ふるさと納税をしても税金の控除はなく、単なる寄付になってしまうから気を付けよう。

ふ〜む。僕なら、上限額はいくらくらいなんだろう？

控除上限額の計算はかなりややこしいので、**ざっくりとした目安を知りたければ、早見表を使う**といいよ。
早見表はふるさと納税サイトで確認できて、寄付者の給与収入（年収）と家族構成により、実質負担が 2,000 円で収まる控除上限額の目安を確認できるんだ。
たとえば、**独身のペンタごんの年収が 350 万円とすると、早見表での控除上限額は 34,000 円となるから、だいたい 30,000 円程度を限度に寄付する**といいね。
早見表はあくまで目安のため、控除上限額ギリギリまで寄付すると、実際の上限額を超えてしまう可能性もあるから、目安より少し寄付額を抑えるようにしよう。

ほえ〜、こんなに簡単に分かるんだね。

もう少し正確な控除上限額を知りたい人は、**ふるさと納税サイトで控除上限額のシミュレーションを利用する**といいよ。
特に、iDeCo の小規模企業共済等掛金控除や医療費控除などの所得控除がある際は、所得税や住民税を減らせるけど、その結果、ふるさと納税の控除上限額もいくらか減ってしまうんだ。
そのため、所得控除の金額などもシミュレーションに入力した上で、控除上限額を確認しよう。

へ〜そうなのか。僕もシミュレーションをやってみようかな。

シミュレーションを利用する場合、**会社員の人は、勤務先から年末頃に発行される源泉徴収票を手元に用意**しよう。
源泉徴収票は、会社が1年間にいくら給料を支払ったかなどが記載された書類で、源泉徴収票に記入されている金額をシミュレーションに入力するだけで、控除上限額を計算できるよ。
個人事業主の人は、確定申告書の控えを用意するといいね。

源泉徴収票……たしか去年の年末頃にもらったような……。（ガサゴソ）

ふるさと納税は寄付する年の1月1日から12月31日の収入で、控除上限額が計算されるから、本当は寄付する年の年末頃にもらう源泉徴収票が望ましいんだ。
ただ、それだとふるさと納税の受付期限である12月31日を過ぎてしまう恐れがあるため、寄付をする前の年の源泉徴収票をもとに計算するのが一般的だね。
ただし前年の源泉徴収票を用いる際、前年より今年の収入が減少した人は、控除上限額を低く見積もるようにしておこう。

控除上限額は早見表で確認しよう！

僕なら独身で年収350万円とすると、34,000円が控除上限額の目安だね！

給与収入 （年間）	独身または 共働き夫婦	夫婦	共働き夫婦 +子1人 （大学生）	夫婦 +子1人 （高校生）
300 万円	28,000 円	19,000 円	15,000 円	11,000 円
350 万円	34,000 円	25,000 円	22,000 円	17,000 円
400 万円	43,000 円	33,000 円	29,000 円	25,000 円
450 万円	53,000 円	41,000 円	37,000 円	32,000 円
500 万円	61,000 円	49,000 円	44,000 円	40,000 円
550 万円	70,000 円	61,000 円	57,000 円	49,000 円
600 万円	77,000 円	68,000 円	66,000 円	60,000 円

6

お得なふるさと納税を試してみよう

控除上限額シミュレーションも試してみよう

早見表の他にも、ふるさと納税サイトの控除上限額シミュレーションで、
より正確な控除上限額の目安を知ることができる。
シミュレーションを行う際は、会社員は寄付する前の年の源泉徴収票、
個人事業主は確定申告書の控えを用意して、シミュレーションに入力しよう。
※控除上限額は、今年の収入から算出されるため、あくまで目安として考える

※表内の「共働き夫婦」は、寄付者が配偶者控除を受けていないケース（配偶者の給与収入が 201 万円以
上ある場合）を指し、「夫婦」は配偶者に収入がないケースを指す
※表内の「高校生」は 16 ～ 18 歳の扶養親族を、「大学生」は 19 ～ 22 歳の特定扶養親族を指す。中学
生以下の子どもは控除額に影響がないため、計算に入れる必要なし

次に、ふるさと納税サイトで寄付する自治体と返礼品を選んで、寄付金を支払おう。
決済方法はふるさと納税サイトによって、クレジットカードや○○ペイなどのキャッシュレス決済、銀行振込などから選べるけど、基本的には手軽にポイントがもらえるクレジットカード決済などでいいと思うよ。

僕なら、楽天ふるさと納税を使うことも考えて、楽天カードで支払えばOKってことだね。

寄付が完了したら、自治体から書類と返礼品を受け取ろう。書類は寄付金受領証明書と、ワンストップ特例制度を利用する人にはワンストップ特例申請書が送られてくるよ。
返礼品はすぐに送られてくるものもあれば、時期に合わせて配送されるため、届くまで時間がかかるものもあるね。返礼品の配送日は指定できないことが多いから、年末の駆け込みなどで冷蔵品のお肉やお魚などを一気に注文すると、冷蔵庫がいっぱいになってしまうので気を付けよう。

ふむふむ。返礼品はいつ届くか分からないなら、気長に待つのが良さそうだね。

最後に、税金控除の手続きを行おう。
ワンストップ特例制度の場合は、ワンストップ特例申請書を記入して、本人確認書類と共に返送すれば終わりだから、とっても簡単だね。
確定申告の場合は、申告書の寄付金控除の欄に、寄付額から2,000円を差し引いた金額を記入の上、寄付金受領証明書と併せて税務署へ提出しよう。
これでふるさと納税の手続きは終わりだから、そんなに手間はかからないことが分かったね。

ふるさと納税の手続きは、思ったよりずっと簡単なんだね。これなら僕にもできそうだから、やってみるぞ！

ふるさと納税の手続きの流れを知っておこう

ステップ❶
ふるさと納税サイトの早見表、もしくは
控除上限額シミュレーションで、控除上限額を確認する

ステップ❷
寄付する自治体と返礼品を選び、寄付金を支払う
※原則、寄付者と決済をする人は同一である必要があるため、
　本人名義のクレジットカード、引き落とし口座であるかは要確認

ステップ❸
寄付金受領証明書、ワンストップ特例申請書などの書類と返礼品
を自治体から受け取る
※返礼品の届け先は指定できるため、両親や家族などへプレゼントも可能

ステップ❹
確定申告、またはワンストップ特例制度の手続きを行う
※確定申告は寄付した翌年の2月16日〜3月15日が期限で、
　ワンストップ特例申請書は翌年1月10日必着

> ふるさと納税の手続きは思ったより簡単だから、
> ぜひチャレンジしてみてね！

※返礼品の金額が年間50万円を超える場合、一時所得として申告する必要がある（還元率を寄付額の3割
　とすると、年間で約167万円以上の寄付をした場合に、一時所得の申告が必要）
※ワンストップ特例申請書を提出後、寄付した年の翌年1月1日までに引っ越しした場合は、1月10日まで
　に申請書を提出した自治体に住所変更の手続きが必要

✦ Point

● **ふるさと納税は早見表やシミュレーションで控除上限額の確認を行い、算出された目安より少し寄付額を抑えるのがいい。**

● **寄付する自治体と返礼品を選んで寄付金を支払ったら、自治体から書類と返礼品を受け取った後、確定申告、またはワンストップ特例制度の手続きを行う。確定申告は寄付した翌年の2月16日〜3月15日が期限で、ワンストップ特例申請書は翌年1月10日必着なので注意。**

5 ふるさと納税の税金控除を確認しよう

よし、ふるさと納税の手続きは終わったし、これでゆっくり昼寝ができるぞ！

ちょっと待った！　最後に、**ふるさと納税の税金控除の確認方法を知っておこう。**
寄付額から 2,000 円を差し引いた金額がちゃんと税金から控除されているかは、確認してみないと分からないからね。

たしかにそうだね。でも、どうやって確認すればいいのさ？

ワンストップ特例制度は、**住民税からのみ控除されるから、確認方法は簡単**だよ。
会社員の人は毎年 5 月から 6 月頃になると、勤務先から住民税決定通知書（特別徴収税額決定通知書）が配られるんだ。
住民税決定通知書とは、その名の通り決定した住民税の金額を通知する書類で、前年の所得から算出されるよ。
つまり、**寄付した翌年の住民税決定通知書を見れば、ワンストップ特例制度による住民税の控除が確認できる**ってわけさ。

なるほど～！　5 月から 6 月頃に住民税決定通知書をもらったら、忘れずにチェックすべしだね。

住民税決定通知書には色々と書いてあるけど、税額欄の「市民税の税額控除額」と「県民税の税額控除額」の2つの金額の合計が、寄付額から2,000円を差し引いた金額と同額か、少し多くなっていればOKだよ。たとえばペンタごんなら、早見表で確認した控除上限額の目安である30,000円を寄付した場合、28,000円程度が控除されていればいいことになるね。
まったく同じ金額にならないのは、調整控除（所得税と住民税の人的控除額の差に基づく負担増を調整するための控除）が含まれている場合があるからなんだ。
また、住宅ローン控除の税額控除などを受けている場合は、税額控除額欄に一緒に計上されるから注意してね。

チェックするポイントさえ分かっていれば、すぐに確認できるね！

ワンストップ特例制度での税金控除の確認方法

拡大！

市民税	税額控除前所得割額	④	
	税額控除額	⑤	○○,○○○
	所得割額	⑥	
	均等割額	⑦	
県民税	税額控除前所得割額	④	
	税額控除額	⑤	○○,○○○
	所得割額	⑥	
	均等割額	⑦	

寄付額が30,000円なら、この2つの金額の合計が28,000円程度になっていればいいんだね

住民税決定通知書の「市民税の税額控除額」と「県民税の税額控除額」の2つの金額の合計が、寄付額から2,000円を差し引いた金額と同額か、少し多くなっていればOKだよ！

※住民税決定通知書は、地域により書式が多少異なることもあり

ワンストップ特例制度ではなくて、確定申告の人はどうすれば確認できるのかな?

確定申告では、所得税と住民税から控除されるから、少し複雑になるけど、同様に確認方法を知っておこう。
まず所得税からの控除額は、寄付額から 2,000 円を差し引いた金額に所得税率を掛けることで算出されるよ。
所得税率は課税所得に応じて 5 ～ 45% まで段階的に決まるから、たとえば**ペンタごんの所得税率が 10%の場合、ふるさと納税で 30,000 円寄付すると、2,000 円を引いた 28,000 円に 10% を掛けた 2,800 円が所得税から控除される**んだ。
会社員はすでに給与から所得税が源泉徴収されているため、控除の結果、払いすぎていた分は還付金として、確定申告から 1 ～ 2 カ月後に指定の口座へ振り込まれるよ。

ふ～む。残りは住民税から引かれるってイメージでいいのかな?

そうだね。住民税からの控除の計算はだいぶ複雑なんだけど、さっきの例だと、**28,000 円から 2,800 円を引いた 25,200 円が、住民税から控除される**と思っておけばいいよ。
住民税の控除の確認方法はワンストップ特例制度と同じで、住民税決定通知書をチェックすれば大丈夫だよ。これで、ふるさと納税の税金控除の確認もバッチリだね。

ありがとう、ついにふるさと納税をマスターしたぞ～!
毎年利用して、お得なふるさと納税生活を楽しみます!

確定申告では所得税と住民税から控除される

所得税からの控除の確認方法

課税所得	所得税率	控除額の計算式
195 万円以下	5%	（寄付額 −2,000 円）× 5%
195 万円超 330 万円以下	10%	（寄付額 −2,000 円）× 10%
330 万円超 695 万円以下	20%	（寄付額 −2,000 円）× 20%
695 万円超 900 万円以下	23%	（寄付額 −2,000 円）× 23%

30,000円寄付した場合、所得税率が10%だと、(30,000−2,000円)×10%=2,800円が所得税から控除されるんだね！

住民税からの控除は、住民税決定通知書を確認

市民税	税額控除前所得割額 ④		県民税	税額控除前所得割額 ④	
	税額控除額 ⑤	○○,○○○		税額控除額 ⑤	○○,○○○
	所得割額 ⑥			所得割額 ⑥	
	均等割額 ⑦			均等割額 ⑦	

この2つの金額の合計が25,200円程度であれば、所得税の控除と合わせて28,000円程度が正しく控除されたことになるね

確定申告で申請した人は、所得税からの控除と、住民税からの控除の合計が、寄付額から2,000円を差し引いた金額とほぼ同額ならOKだよ！

※所得税率に関して、課税所得 900 万円超 1,800 万円以下は 33%、1,800 万円超 4,000 万円以下は 40%、4,000 万円超は 45%。復興特別所得税は考慮せず
※個人事業主に届く住民税決定通知書では、住民税からの控除は「市民税の寄付金税額控除額」と「県民税の寄付金税額控除額」を確認すれば OK（地域により書式が多少異なることもあり）

Point

● ふるさと納税は手続き後、寄付額から 2,000 円を差し引いた金額が税金から控除されているか必ず確認する。

● ワンストップ特例制度で申請をした人は、住民税からのみ控除されるため、寄付した翌年の住民税決定通知書に記載された、「市民税の税額控除額」と「県民税の税額控除額」の 2 つの金額の合計が、寄付額から 2,000 円を差し引いた金額とほぼ同額になっていれば OK。

● 確定申告で申請をした人は、所得税と住民税から控除され、所得税からの控除額は、寄付額から 2,000 円を差し引いた金額に所得税率を掛けることで算出される。住民税からの控除は、ワンストップ特例制度と同じく、住民税決定通知書をチェック。

6

お得なふるさと納税を試してみよう

この章のチェックリスト

- ☐ ふるさと納税の控除上限額を確認する
- ☐ 寄付する自治体と返礼品を選択し、寄付金を支払う
- ☐ 自治体から書類と返礼品を受け取り、税金控除の手続きを行う
- ☐ 寄付を行った翌年に、税金控除の確認を行う

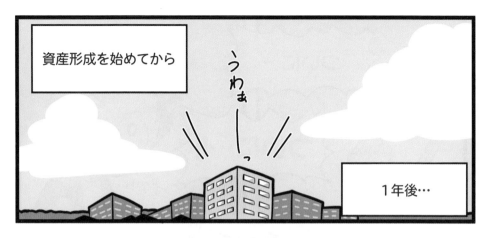

そんなことないさ

ペンタごんが
自分を変えようと
努力した結果だよ

いくらタメになる話や
お得な情報を聞いたとしても
行動に移す人ってのは
ほんの一握りなんだ

だから資産形成1年生
として一歩踏み出した
だけでも立派だし

ペンタごんは
ずいぶんと変わったと
思うよ!!

249

そうだね

本当にチャレンジ
してみてよかったよ!!

お金がないことに
何となく悩んでいたけど、
それって僕が何も知らずに
行動してなかっただけなんだね

お金がない…
どうすれば…

貯金
投資

今月も
計画通り!

今は資産形成を
これからも続けたらと考えると
将来が楽しみで
ワクワクしてくるんだ!

さぁ

ポン

まだ資産形成
1年生を
卒業したばかりだよ

今日から資産形成を
始めてみよう

『資産形成1年生』いかがだったでしょうか。

　分かりやすさ第一で執筆を心がけましたが、「読みやすかった！」「参考になった！」と思っていただければ幸いです。

　お金について悩んでいるけど、何をすればいいか分からない方に向けて、お金の悩みに寄り添う教科書となるような本を書いてみたいと、以前から思っていました。

　そんな中、出版の話をKADOKAWA様からいただいた時は、またとないチャンスだと思い、約半年間にわたってほぼ毎日、熱を込めて執筆してきました。

　だからこそ、この本を読み終えた方に、僕からお願いがあります。

　本書を読むだけで満足せず、資産形成をさっそく始めてみて下さい。

　先取り貯蓄、固定費削減、つみたてNISA、楽天経済圏、ふるさと納税、何でもOKです。僕が用意した「資産形成チェックリスト」の中から、始めやすいと思った項目で構わないので、ぜひ試してほしいのです。

　なぜなら、どんなに役立つ知識を学んでも、行動に移す人はほんの一握りだからです。参考になったと思うだけで本を閉じ、次の日には忘れてしまう方も多いと思います。

　しかし、試行錯誤しながら書き上げた本書を通じて、あなたが資産形成の一歩を踏み出すことができたなら、僕にとってはこの上ない喜びです。

　20歳でも30歳でも、40歳でも50歳でも、何かを始めるのに遅すぎることはありません。

　「自分も資産形成を始めてみよう！」という今の想いが、きっとあなたの将来をより良いものにしてくれるからこそ、僕は一歩を踏み出そうとする人を応援しています。

何か分からない事があれば、YouTube のコメント欄や、Twitter、Instagram のダイレクトメッセージから気軽に聞いて下さいね。

　本書で紹介した資産形成を実際に試した際は、Twitter や Instagram でハッシュタグに「# 資産形成 1 年生」と付けて投稿していただければ、自分も覗きに行きますので、一緒にチャレンジしていきましょう。

　最後になりますが、担当編集者の村上智康さんには深く感謝を申し上げます。

　村上さんのお声がけがなければ、この本は生まれることがなかったと思うと、何とお礼を申し上げたらいいか分かりません。

　毎週の定例オンラインミーティングでも、たいへんお世話になりました。

　自分が執筆に関して悩んだ時は、いつも親身に相談に乗っていただき、細部までディスカッションを重ね続けたおかげで、本書を納得いくものに仕上げることができました。

　また、イラストレーターのさーつるにさん、素敵なイラストをたくさん描いていただき、誠にありがとうございました。

　イラストをどなたにお願いしようかという話になった時、僕の中で真っ先にさーつるにさんが思い浮かびましたが、ご依頼して本当に良かったと思います。

　ペンタごんも、きっと大喜びしております。

　そして、いつも温かいコメントを下さるフォロワーの皆さま、出版を応援してくれた家族にこの場を借りて心からの感謝を申し上げます。

　本書を読んでいただいた皆様といつの日か直接お目にかかり、資産形成の話を楽しく聞かせていただけることを楽しみにしております。

2021 年 8 月

小林亮平

『これだけやれば大丈夫！
お金の不安がなくなる資産形成１年生』

最新情報アップデートの
お知らせ

本書では資産形成を始めるためのおすすめサービスなどを具体的に紹介してきました。ただ、各サービスは今後、変更になる可能性もあるため、新しい情報は以下の「【資産形成１年生】最新情報アップデートページ」にて随時更新しておきますね。
こちらのリンク先のページに更新情報をまとめて掲載しておくので、定期的にチェックしながら、これからの資産形成にお役立ていただければ幸いです！

https://bank-academy.com/shisankeisei-update

小林亮平 (こばやし・りょうへい)

資産運用 YouTuber。

1989 年生まれ。横浜国立大学経営学部卒業後、三菱東京 UFJ 銀行（当時）に入行。同行退社後、ブログや SNS で資産形成（つみたて NISA や iDeCo、楽天経済圏、ふるさと納税など）の入門知識を発信。現在は YouTube「BANK ACADEMY」の運営に注力しており、チャンネル登録者数は 27 万人を超える。

「超初心者でも理解できるよう優しく伝える」をモットーに、自作のイラストを駆使した解説や、フォロワーからの質問に対する丁寧な返事が好評を得ている。

● YouTube
https://www.youtube.com/c/bankacademy/featured
● Instagram
https://www.instagram.com/ryoheifree/
● Twitter
https://twitter.com/ryoheifree

ブックデザイン：菊池祐
本文デザイン：今住真由美（ライラック）
イラスト：さーつるに

これだけやれば大丈夫！

お金の不安がなくなる資産形成1年生

2021年9月2日　初版発行
2022年4月20日　6版発行

著　者　小林　亮平

発行者　青柳　昌行

発　行　株式会社KADOKAWA
　　　　〒102-8177　東京都千代田区富士見2-13-3
　　　　電話　0570-002-301(ナビダイヤル)

印刷所　図書印刷株式会社
ＤＴＰ　有限会社エヴリ・シンク

●お問い合わせ
https://www.kadokawa.co.jp/（「お問い合わせ」へお進みください）
※内容によっては、お答えできない場合があります。
※サポートは日本国内のみとさせていただきます。
※ Japanese text only
定価はカバーに表示してあります。

©Ryohei Kobayashi2021　Printed in Japan
ISBN978-4-04-605156-1　C0033